股市掘金

医药健康板块股票投资指南

股震子◎编著

中国宇航出版社
·北京·

图书在版编目（CIP）数据

股市掘金. 医药健康板块股票投资指南 / 股震子编著. -- 北京 : 中国宇航出版社, 2020.1（2021.6重印）
ISBN 978-7-5159-1747-4

Ⅰ. ①股… Ⅱ. ①股… Ⅲ. ①医疗卫生服务－股票投资－中国－指南 Ⅳ. ①F832.51-62

中国版本图书馆CIP数据核字(2019)第301527号

策划编辑　田芳卿
责任编辑　吴媛媛　　　装帧设计　宇星文化

出版发行　中国宇航出版社
社　址　北京市阜成路8号　　邮　编　100830
(010)60286808　　(010)68768548
网　址　www.caphbook.com
经　销　新华书店
发行部　(010)60286888　　(010)68371900
(010)60286887　　(010)60286804(传真)
零售店　读者服务部
(010)68371105
承　印　三河市君旺印务有限公司
版　次　2020年1月第1版　　2021年6月第3次印刷
规　格　710×1000　　开　本　1/16
印　张　12.75　　字　数　175千字
书　号　ISBN 978-7-5159-1747-4
定　价　39.00元

本书如有印装质量问题，可与发行部联系调换

挖掘医药健康板块中的金矿
（代前言）

股票价格与投资价值不同。很多绩优股都是有价值的，若股票价格远远高于内在价值，则股票就不具有投资价值。投资价值是相对于股票价格而言的，当股票价格出现低估时，进场买入，并在股票价格高于内在价值时择机减仓，这是从价值投资角度而言的。

在市场上，游资或者短线资金更加偏向于具有热门概念的股票。有些股票不仅没有投资价值，可能连基本的内在价值都缺乏。站在短线投机的立场，追涨这类股票没有问题，若想长线持股，则必须从股票的内在价值出发，寻找具有长线投资价值的股票，这才是正确的投资道路。

投资者需要在某一极具潜力的行业中，选择具备较强竞争优势并在可预见的未来能够持续保持优势地位的企业，同时，以尽可能便宜的价格买入该企业的股票，这是我们选择股票的基本逻辑。医药健康板块，就是这类极具潜力股票的汇聚之所。

在医药健康板块，产品为王。有的企业虽然最近几年效益不佳，但一直将资金用于新产品的研发，则未来将会收回投入。正因如此，市场往往会给这类股票较高的估值。医药健康板块与消费板块或科技板块完全不同，医药健康板块需要实实在在研发的产品，而且这个产品最好具有独创性。至于跟风研发的产品，则要慎重，毕竟当研发出来时，市场可能已经饱和，想要收回研发成本都有困难。

本书介绍的医药健康板块的几个重点方向，属于未来出现长线上涨牛股概率很高的行业，但并不限于给出的示例股票。虽然无法保证在接下来的若干年内，这些上市公司仍能保持现有的强劲竞争力，不过相比其他公司，这些公司处于相对优势地位的可能性更大。

即使投资者选到了绩优股，也并不意味着无论何时买入都会盈利。投资者可以按照书中给出的估值方法，结合市场行情对股票价格大致做出预判。对于想要长期持有这些股票的投资者来说，最好的买入机会往往是熊市来临时，即当股价开始大幅走低时，逐步建仓并长期持有，这才是较佳的策略。

由于篇幅和笔者的精力有限，不能对整个板块中的个股一一分析，所以选取了具有代表性的股票进行研究。作为普通投资者，在研究投资标的时，只能假定我们获得的数据是真实可信的，因此本书所选股票并不一定是所属板块中最佳的投资标的。

本书仅供研究使用，并不构成投资建议。

目 录 CONTENTS

第十章　医药健康行业重要炒作概念

第一章

医药健康股票，机构的压仓标的

以史为鉴，面向未来。回顾中国股市从无到有的30多年，你会发现随着大盘起起伏伏，个股走势也在不断出现分化。有些股票经过了多年的起落，一直呈现出明显的上行趋势，另一些股票则在起伏中逐渐淡出了投资者的视野。在众多能够保持强势上升趋势的股票中，医药健康类股票可以说是其中最为耀眼的明星。正因为医药健康类股票具有非周期性和较强的抗跌性，且具有较为稳定的增长性，因而成为基金经理眼中的“宠儿”，更成为很多基金和投资机构的压仓标的。

第一节 医药健康产业，真正的朝阳产业

对于投资者特别是偏重于价值投资的投资者来说，找准一个在未来数年乃至数十年内都能持续稳定增长的行业，是非常重要的。医药健康产业恰恰就属于这样一个行业。

一、一个拥有无限未来的产业

2016年10月《“健康中国2030”规划纲要》发布，为医药健康产业的发展指明了方向。这份纲要明确指出，到2020年，健康服务业的总产值要超过8万亿元，到2030年更是要超过16万亿元。这份纲要无疑为医药健康产业的发展提供了强劲的动力。

随着低生育率以及老龄化社会的到来，人们将会越来越重视健康，健康

支出也会大幅提升。也就是说，未来我们将迎来一个医药健康产业大发展的年代。不过，与医疗健康发展不匹配的是，我国医药健康产业内的企业并未出现或形成与国际巨头瑞辉、罗氏、诺华等可以匹敌的企业。从整体上来看，上市医药健康企业的规模、营收水平都与国际巨头相去甚远。我们在承认与国际巨头存在差距的同时，也应该看到医药健康企业巨大的发展前景。结合我国巨大的市场，医药健康企业拥有无限潜力的未来。未来，我们的医药行业很有可能产生与国际巨头相匹敌的企业。

国内上市的医药健康企业规模相对较小，虽然未来有更大、更广阔的发展空间，但仍然需要我们耐心地去寻找和筛选好的标的。恒瑞医药就是其中一个比较典型的代表，如图 1-1 所示。

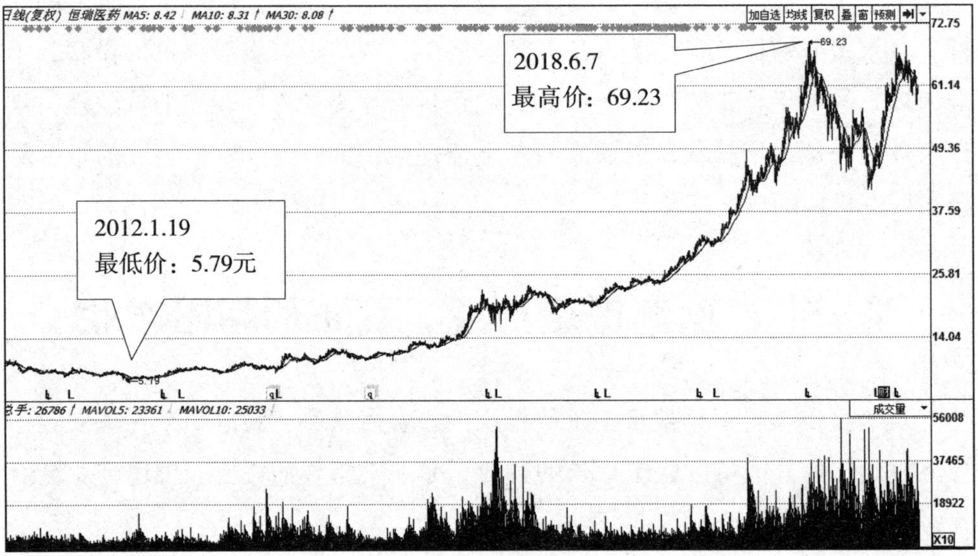

图 1-1　恒瑞医药（600276）日 K 线走势图

恒瑞医药是医药健康行业中一只典型的绩优股，也是很多基金的压仓股，后面章节还会对其进行详细的介绍。从该股日 K 线走势图中可以看出，该股股价从 2012—2018 年的 6 年时间里上涨了 10 余倍。若从该股 2000 年上市算起，该股翻了数百倍之多。由此可见，一只医药健康领域的绩优股是多么受市场欢迎。

极具发展潜力的行业＋业绩持续增长的企业＝股价持续上涨的超级牛股。这是股市中永恒的定式。当然，有些投资者也可以提出反面案例，比如一些短线暴涨的“妖股”，尽管没有业绩支撑，也可能会上涨10余倍。不过，投资者若将该类股票的日K线走势放大，就可以发现，这种没有业绩支撑的暴涨注定只是“昙花一现”，根本不具有可持续性，也不值得普通投资者特别是倾向于价值投资的投资者关注。

二、享受垄断收益的行业

不可否认，很多医药健康企业的收益是建立在垄断性收益基础之上的。这些企业可能拥有某种产品、器械或服务的专利权或特许权，使得自己可以独享该类产品带来的丰厚收益，这就保证了这些医药健康企业的业绩和股价保持持续上升态势。

在众多享受垄断性收益的企业中，云南白药是比较典型的。因其掌握独家的、受保护的绝密配方，因此从中获得了大量收益。在可以预见的未来，这种垄断性优势仍将给企业源源不断地提供利润。企业的利润规模不断放大并不意味着股价就会呈直线式上升，其价格走势必然会受到大盘环境的影响，但总体上还是会呈现出明显的震荡上升态势，如图1-2所示。

云南白药以云南白药系列相关中药产品以及天然植物药产品为核心，其营业收益和净利润连续保持强劲增长势头，这也为股价震荡上行提供了支撑。大家观察这类牛股，发现它们都有一个共同的特点，即在大盘大幅上升时，这些股票也会随之大幅上升；当大盘出现大幅调整时，其调整幅度和时间都会小于大盘，并先于大盘展开反弹。

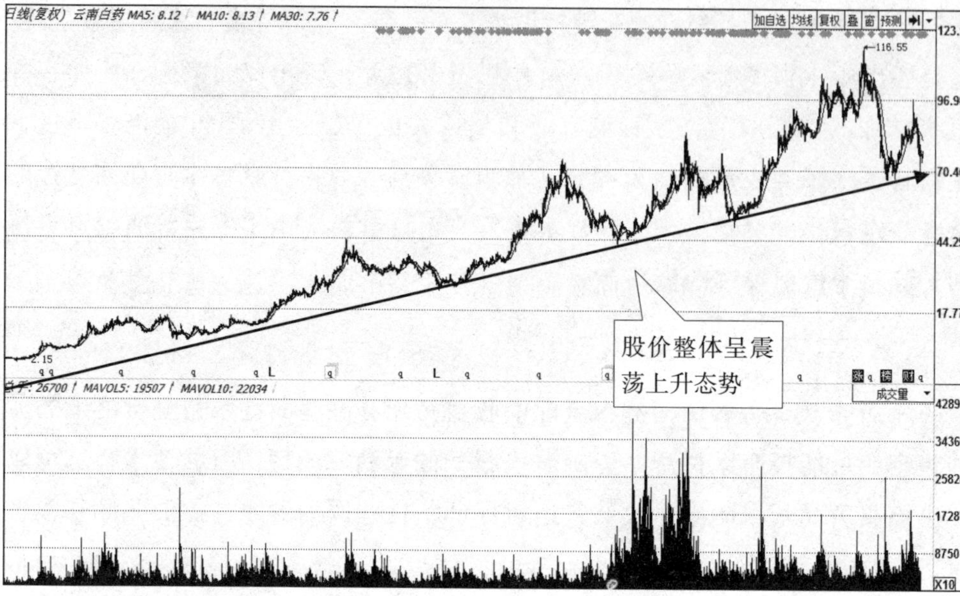

图 1–2　云南白药（000538）日 K 线走势图

三、与时代相衔接的行业

生物技术与信息技术是医药健康产业的两翼。未来，医药健康产业的发展注定离不开生物技术与信息技术。生物技术为医药产业的深入发展提供了必要的技术支持，并源源不断地提供新技术、新产品，从而确保医药健康产业能够满足人们的需求；信息技术强化了医药产业与外在各个领域的关联，可以为医药健康产业提供更多的解决方案。未来医药健康产业将更多地与生物技术、信息技术相融合，这也是很多与生物技术、信息产业相关的医药健康企业的股票走强的原因。尽管这些企业暂时还没有兑现盈利能力，但很多资金投资的是未来而非当下。

如图 1-3 所示，智飞生物是一家疫苗和生物制品研发、生产及销售企业，从其主营业务中就可以看出，这是一家与生物技术结合非常紧密的企业。其疫苗销售以及疫苗代理在国内市场占有较高份额，因而，尽管该公司当前的经营效益并没有云南白药和恒瑞医药那么强势，但其股价还是在 2015—2018 年的 3 年内翻了近 7 倍，由此可见资金对其的追捧程度。

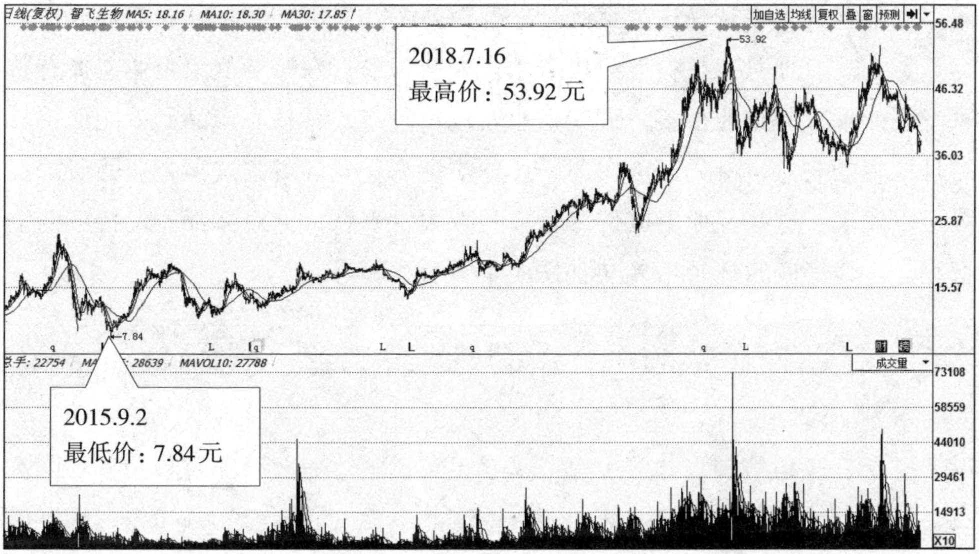

图 1-3　智飞生物（300122）日 K 线走势图

第二节　医药健康行业股票的交易策略

对于不同交易策略的投资者来说，在医药健康行业股票中都能找到心仪的操作标的。

一、长线价值投资

长线投资成功的关键点有两个：一是，找到合适的投资标的；二是，选准最佳的入场时机。通常情况下，大部分医药健康行业的企业获利能力都比较强，比较适合进行价值投资。

投资者在实施长线价值投资时，需要关注以下两点。

1. 找到合适标的

尽管大多数医药健康企业都能保持较为稳定、快速的发展，但无论多好的草地都会有瘦马。投资者要想做长线投资，需要选择能够在未来数年乃至数十年保持稳定发展的企业。

一般来说，在选择这类企业时，需要关注以下几个指标。

第一，企业具有核心竞争优势的产品或服务。在医药健康企业，拥有独家专利或配方的企业很多，这些企业通过一种或几种核心产品，就能保持较高且稳定的收益，例如云南白药、片仔癀、马应龙。观察这类企业的股价走势可以发现，这些企业的股价尽管会随着大盘涨跌，但总体都能保持震荡上行趋势。片仔癀的日K线走势如图1-4所示。

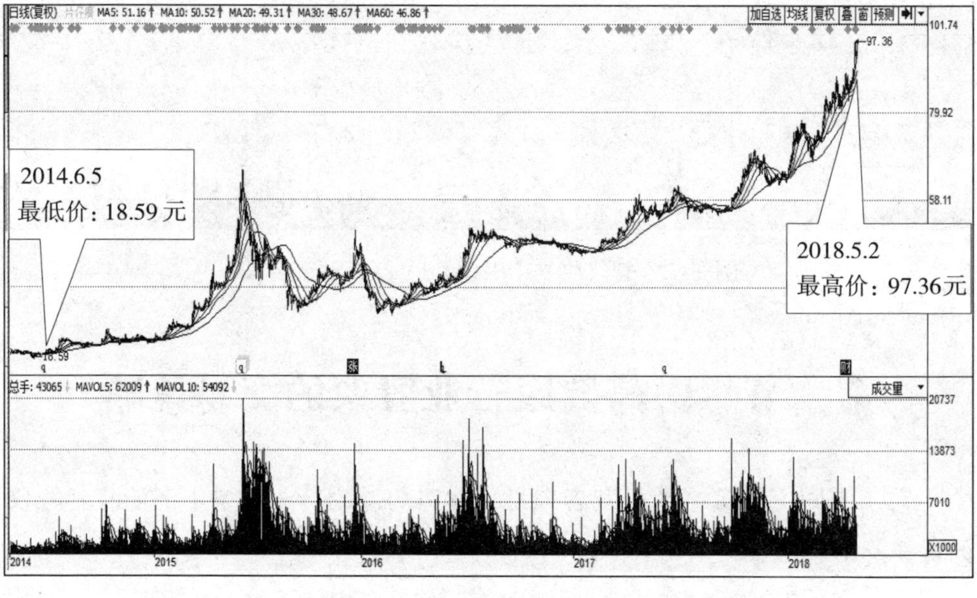

图1-4　片仔癀（600436）日K线走势图

片仔癀作为中药这一细分领域的老字号企业，具有较为久远的品牌知名度和美誉度。其品牌影响力较强，销售费用相对较低，议价能力和对上下游的控制力较强，业绩更是连续几年取得较快增长，这说明该股的成长性较佳。

该股自2014年6月5日的18.59元低位（复权后）启动上涨，至2018年5月2日到达97.36元的位置，上涨5倍有余。

第二，持续的研发投入。医药健康行业是一个比较特殊的行业，除了靠掌握老配方持续获利的企业外，更多的企业是通过研发新产品获利，这就需要企业在研发方面持续投入。不可否认，当前的医药健康行业存在本末倒置的现象，即很多医药健康企业在研发方面投入的资金很少，在营销方面的投入却十分惊人。

当然，并不是不应该在营销方面多一些投入，因为从现实的情况来看，这些在营销方面投入较大的企业，短期内获利都较为丰厚。不过，医药健康企业要想长期保持获利能力，归根结底还是要有源源不断的新产品上市，特别是具有开创性的新产品。从世界范围来看，国际知名制药企业的研发费用占销售收入的 20% 左右，投资者可以按照这一标准评估国内医药健康企业的研发费用占比情况。

与国际巨头动辄几十亿美元的研发投入相比，国内医药健康企业的研发费用占比普遍较低。2018 年度，恒瑞医药的研发费用占比超过 15%，已经是国内众多医药健康企业中研发费用占比很高的企业了。除了恒瑞医药，复星医药、通化东宝也属于研发费用占比较高的企业，这些企业往往也是业绩保持稳定上升的企业。

第三，持续增长的业绩。这是价值投资的一条硬指标。持续稳定增长的业绩，是股价上行的基础和保障。投资者所选的投资标的，至少要保证在过去 5 年中有 20% 左右的平均净利润增长率。当然，也要允许目标企业在某一年度因某些特殊原因导致净利润下滑，做价值投资需要关注的是企业长期的发展。

2. 选准最佳入场时机

长线价值投资，绝不是任何时候都可以买入，然后长期持有这么简单。从历史经验来看，即使是极具投资价值的绩优股，价格走势也会随着大盘的涨跌而出现起伏，有些个股还会因为某些特殊原因在短期内出现股价快速下跌的情形。其实，这也为投资者进行长线价值投资提供了绝佳的入场时机。

第一，大盘暴跌时。

尽管具有较高价值的股票价格会明显强于大盘，而且能够穿越牛熊，但并不意味着会一直上涨。当大盘下跌时，特别是出现非理性的暴跌时，这些具备较佳投资价值的股票也会随之大幅下跌。这些股票下跌的时间和幅度都要小于大盘，一来是这些股票具有的投资价值会吸引更多的资金入场抢筹；二来这些股票都有很多大基金驻守，很少会出现长期的非理性下跌。这种短期的非理性下跌，往往是入手这类股票的最佳时机。

沃森生物作为一家以疫苗研发、生产、销售为主营业务的公司，随着新疫苗产品的不断研发与上市，其股价也保持了长期的震荡上扬态势。观察该股日 K 线走势图可以发现，这只股票在上涨过程中，股价也会随着大盘的下跌大幅走低，随后被拉升，并超越前期高点。2015 年 6 月中旬，沃森生物的股价随着大盘的暴涨上升至阶段高点，随后又与大盘同步出现了暴跌走势。其后与大盘走势出现分化，当大盘在底部震荡时，沃森生物开启了一波修复走势，在 2017 年 9 月下旬突破了 2015 年 6 月中旬的高点，如图 1-5 所示。由此可见，2015 年 6 月下旬股价随着大盘暴跌时，就是入手该股的最佳时间。其后，该股也随着大盘出现了几次大幅下跌，也是买入该股的良机。

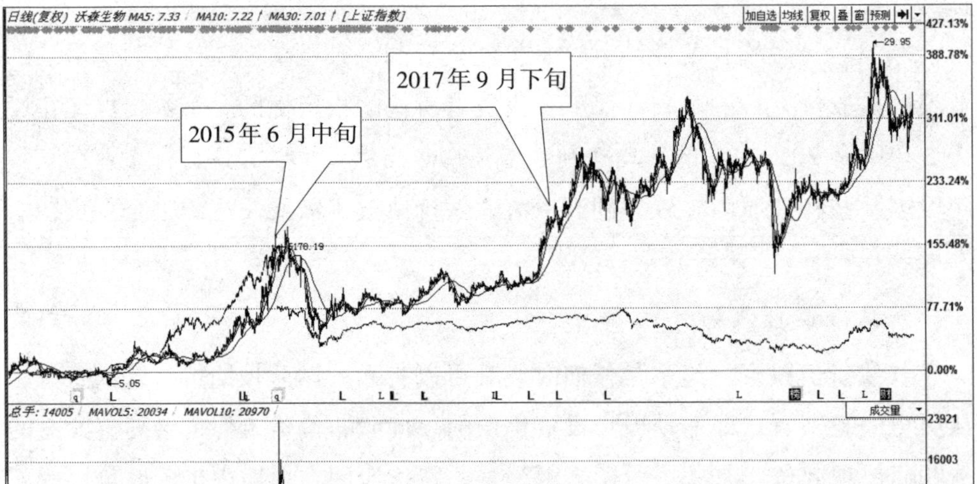

图 1-5 沃森生物（300142）与上证指数日 K 线走势对比图

第二，个股遭遇黑天鹅事件时。

黑天鹅事件，是指很难在事先预测的且不寻常的事件。在股市中，黑天鹅事件通常是指一些对个股或行业破坏力十足的事先无法预测的事件。2018

年下半年，对于整个医药行业来说，就是一个黑天鹅频出的时段，很多著名医药企业都爆出了黑天鹅事件。在众多黑天鹅事件中，投资者需要理清几个真相：其一，该事件到底会给企业带来多大损失；其二，该事件是否足以摧毁整个企业；其三，该事件能否改变企业的营运模式或获利能力等。对于足以摧毁整个企业的黑天鹅事件，如长春生物的疫苗造假事件，当然要避而远之。对于其他一些对企业短期业绩造成冲击，但不会影响企业发展路线的黑天鹅事件则要仔细分析，因为很多大牛股最佳的入场时机就是黑天鹅事件出现的时候。

华海药业曾经也是一只超级大牛股，2018 年 9 月 29 日，美国食品药品监督管理局（Food and Drug Administration，FDA）对华海药业缬沙坦原料药发布了出口禁令。由于缬沙坦类药物市场容量超百亿元，该事件在国内引发轩然大波，华海药业首当其冲，预计 2018 年净利润将减少 1.1 亿元。对于华海药业来说，美国 FDA 的禁令就是一只黑天鹅，此后，该股股价出现了断崖式下跌，如图 1-6 所示。

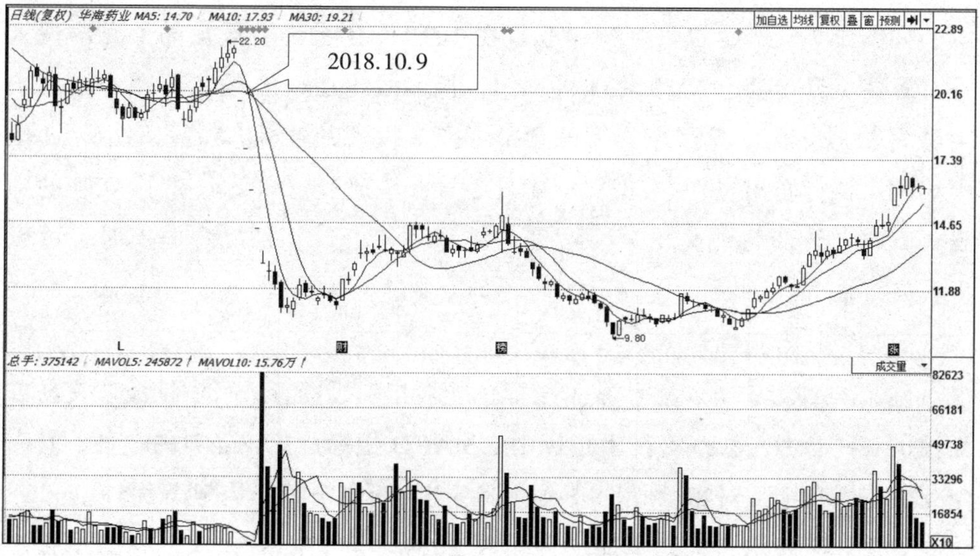

图 1–6　华海药业（600521）日 K 线走势图

2018 年 10 月 9 日（国庆假期之后），华海药业直接以跌停价开盘，此后又连续拉出多个一字跌停板，股价下跌 –50% 以上。对于想长期持有该股的投资者而言，此时的下跌无疑是一个较佳的入场时机。

二、中期波段交易

中期波段交易主要建立在技术分析基础之上。对于大多数股票来说，中期波段交易属于比较理想的交易模式。从历史经验来看，医药健康股多为绩优股、白马股，这类股票上涨趋势和下跌趋势一旦确立，一般都会持续一段时间，这就为投资者进行中期波段交易提供了机会。

中期波段交易可以回避股价下跌带来的损失，并将股价上涨的收益最大化。不过，波段交易也存在一定的难点，即波段低点和高点的认定。一般来说，投资者识别波段高点与低点可以借助以下几项技术指标。

第一，K 线形态。

在股价运行至阶段顶部或底部时，K 线往往会呈现出典型的顶部形态和底部形态，如 W 底、M 顶、头肩底、头肩顶等。出现这些典型 K 线形态，往往能够预示阶段底部或顶部的到来。

如图 1-7 所示，智飞生物的股价在 2019 年年初随着大盘的上涨出现了一波震荡上升走势。2019 年 3 月下旬，该股股价在日 K 线走势图中出现了明显的 M 顶形态，这属于典型的顶部形态。投资者可考虑在股价跌破 M 顶颈线时，执行卖出操作。2019 年 4 月 2 日，该股股价向下跌破了 M 顶的颈线，意味着该股可能会出现一波调整走势。待股价企稳反弹向上时，可以再次介入。

第二，技术指标形态。

除了 K 线形态外，一些技术指标也能在指引投资者进行中期波段交易方面提供一些参考。在众多技术指标中，MACD 指标是比较经典的一种，其高位死叉与低位金叉对指示股价进入阶段高点和低点方面具有显著优势。

如图 1-8 所示，昆药集团的股价在 2019 年年初随着大盘的企稳反弹出现了止跌企稳迹象。2019 年 1 月 7 日，该股股价小幅上涨，MACD 指标出现了低位金叉。该金叉是该股股价自顶部下跌以来的第一个黄金交叉，距离

0 轴较远，投资者可考虑先少量建仓。其后，该股股价出现了震荡上扬走势，并于 2019 年 2 月 11 日再度出现金叉，此交叉点位于 0 轴附近，含金量十足，投资者可考虑加仓买入。之后，该股出现了一波快速上升走势。

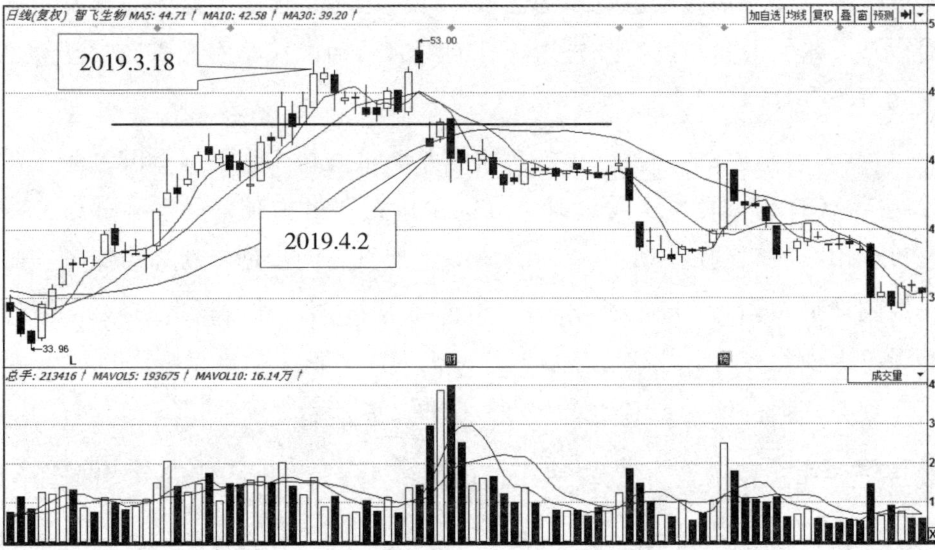

图 1–7　智飞生物（300122）日 K 线走势图

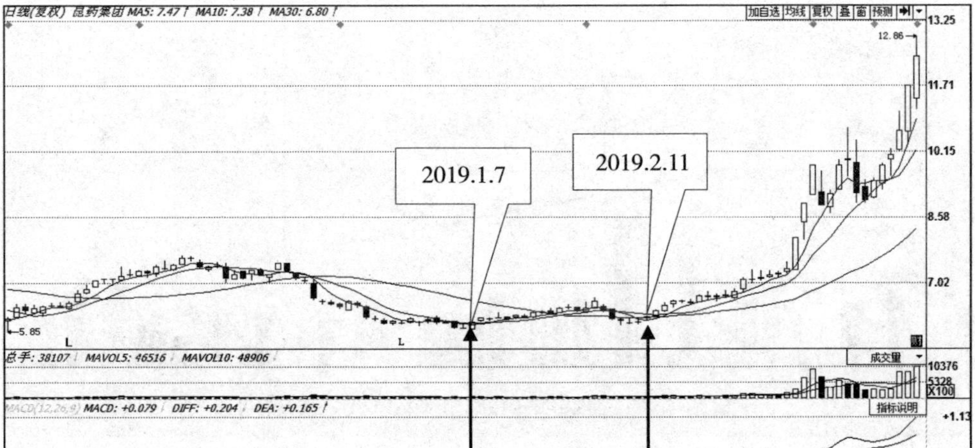

图 1–8　昆药集团（600422）日 K 线走势图

第三，背离形态。

背离形态，也是一种能够帮助投资者判断股价触顶或触底的技术形态。通常情况下，出现背离形态时，往往意味着阶段底部或顶部可能会来临，但并不能准确预测当前是否就是顶部区域或底部区域，这主要是因为背离形态有时出现一次，股价就开始反转走势，而有时要两次或三次背离后，股价才会反转。

背离形态包括股价与成交量的背离以及股价与技术指标形态的背离（如股价与 MACD 指标背离）等，其中又以量价背离最为重要。量价背离，即当股价创出一波新的高（低）点时，成交量却没有同步创出新高（低）。按照一般的理解，股价与成交量同步上升（下降）时，属于比较正常的量价形态，而当量价出现背离时，往往意味着股价的上涨（下跌）趋势无法持续。

下面是华海药业的日 K 线走势图，如图 1-9 所示。

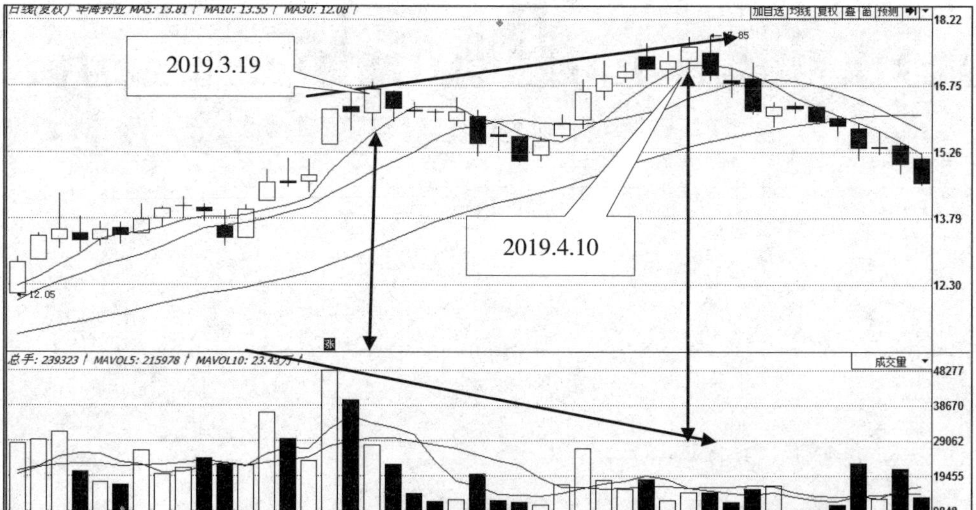

图 1–9　华海药业（600521）日 K 线走势图

华海药业的股价从 2019 年年初开始了一波震荡上扬走势。该股股价上涨过程中，成交量也同步放大。

2019 年 3 月 19 日，该股股价创出阶段高点时，成交量在此之前创出过新高，此后，随着股价的调整，成交量同步萎缩。

2019 年 4 月 10 日，华海药业的股价再度创出阶段新高，而此时的成交量相比前一个高点萎缩了很多。至此量价背离形态正式形成，预示股价上升趋势有可能终结，投资者可考虑减仓，待出现更为明显的看空信号，则可清仓。

三、短线概念投机

股市中从来不缺乏短线暴涨股，这些暴涨股无一不与热门概念有关，而医药健康行业本身是一个能够不断创造故事和热点的行业。也就是说，短线投资者深度挖掘医药健康行业，就可以提前布局、参与一些热点题材的炒作。近些年来，医药健康板块比较热门的概念包括基因免疫疗法、靶向治疗、青蒿素、带量采购等。由于医学和科技的不断发展，还会有更多概念被提及和炒作。

2019 年 6 月 16 日晚，诺贝尔奖获得者屠呦呦团队公布了一个将有重大科研进展发布的通告。次日，该团队发布了青蒿素最新科研成果，一时间，青蒿素概念成为股市中炙手可热的概念。作为青蒿素概念的龙头昆药集团，6 月 17 日当天直接以涨停开盘，并在其后的几个交易日内连续走出一字板形态，由此可见该股短线爆发力之强，如图 1-10 所示。

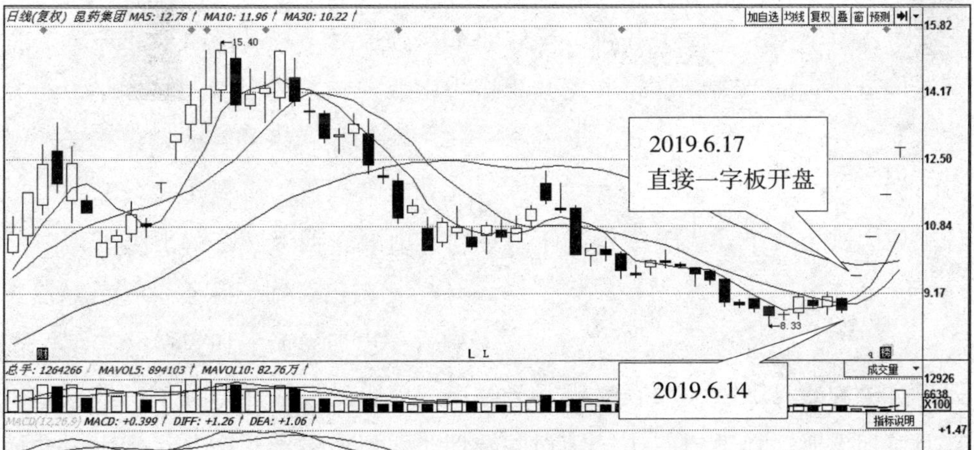

图 1–10 昆药集团（600422）日 K 线走势图

第二章

审视医药健康产业

在目前的医疗改革大背景下，医药健康产业面临着前所未有的发展机会，但同时也存在诸多困难和挑战。

第一节　医药健康行业面临的机会

作为一个朝阳产业，医药健康行业在未来有着前所未有的发展机遇。这种历史性的发展机遇与以下几方面因素密不可分。

一、老龄化趋势

2019年年初，国家统计局发布的最新统计数据显示，截至2018年年底，我国60岁以上老年人口达到2.49亿，占全国总人口比重为14.9%。结合之前年度的统计数据以及相关机构的预测数据，可以看到人口老龄化趋势日趋明显，如图2-1所示。

按照当前的医疗卫生支出计算，老龄人的医疗卫生支出平均为年轻人的3倍（65岁以上老年人的年人均医疗卫生支出大约在1 000元以上）。随着老龄人口的大幅增加，医疗卫生支出也会大幅增长，其中最为明显的表现包括以下几个方面。

第一，随着年龄的增长，自身免疫能力也会逐渐下降，生理机能开始退化，老年痴呆、心脑血管疾病以及类风湿性疾病都是老年人的常见病。

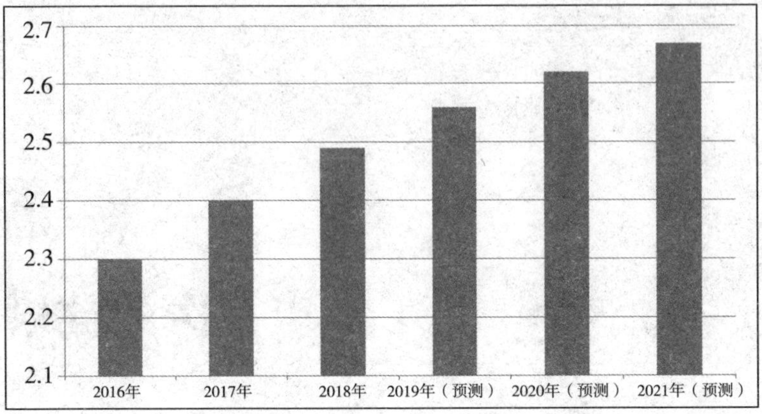

图 2-1　老龄人口数量变动图

第二，老年人口自身角色的改变以及社会角色的改变，极易引起抑郁、孤独、焦虑等不良心理和情绪。同时，由于少子化倾向，老年人口缺乏沟通和交流，使得老年人口的心理疾病也呈现出增长的态势。

第三，随着传统家庭观念的淡化，家庭养老功能开始弱化，需要越来越多的社会化养老机构介入养老产业。

二、慢性病蔓延

慢性病是一类起病隐匿，病程长，且重复就诊率很高的疾病。很多慢性病起病初期不容易被发现，到了中后期想要根治又非常困难。这些慢性病已经成了致死率最高的疾病。据有关部门统计，近年来脑血管病等慢性病导致的死亡人数已持续占到全国总死亡人数的 80% 以上。慢性病发病原因有 60% 与个人生活方式相关，同时遗传、气候、社会等多种因素也会影响其发病率。

在众多慢性病中，脑血管病、糖尿病、高血压、呼吸系统疾病等成为我国城乡死亡率最高的几种老年疾病，这意味着慢性病防治将成为医疗卫生领域的一个重大挑战。同时，也为医药健康企业提供了一个较大的发展机会。

三、健康与保健意识提升

随着人们生活水平的不断提高，大家对健康的认识也逐渐发生变化，从以前的“没有病即是健康”，逐渐向健康的真正本义靠拢，即心理上、生理上和社会等方面都处于良好的状态。这就使得人们日益从有病开始治病的态度，转变为无病也要防病、要更加健康。越来越多的人愿意在提升健康水平和身体保健上支付更高的费用，这也促进了相关医疗机构的快速发展。

近些年来，医疗美容产业规模不断扩张。相关机构的统计数据显示，目前，我国美容机构市场规模已超 4 500 亿元，从业人员超过 3 000 万人。我国美容整形业每年以 20% 的发展速度递增，美容整形手术以每年超过 20% 的速度增长。近 20 年来，我国医疗美容行业已涵盖医疗整形、医疗美容、注射美容等领域，形成了一个庞大的综合产业链。2017 年中国医疗美容行业市场规模达 1 367 亿元，预计 2020 年将突破 2 500 亿元。

在 A 股市场上，从属于医疗美容业最为典型的企业就是爱尔眼科。作为市场上唯一一家眼科医疗机构，爱尔眼科自 2009 年上市后，股价持续震荡上扬。股价在 10 年的时间内翻了数十倍，如图 2-2 所示。

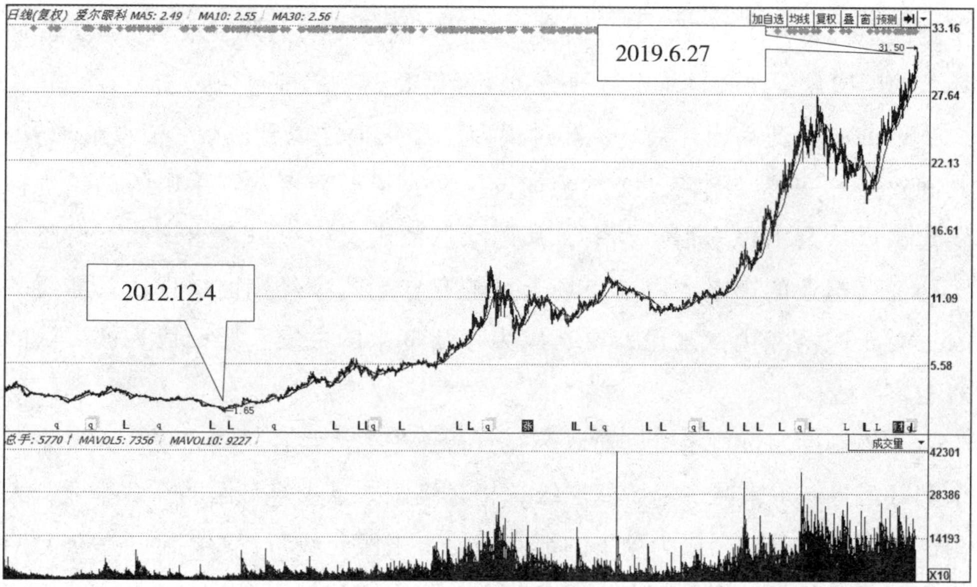

图 2-2　爱尔眼科（300015）日 K 线走势图

爱尔眼科的股价自 2012 年 12 月 4 日的最低点 1.65 元（复权后价格），

在7年的时间里，上涨至2019年6月27日的31.50元，由此可见市场资金对该股的追捧程度。其实，这也是市场资金对眼科医疗以及医疗美容产业的整体态度，即该行业在未来仍有十分广阔的发展空间。

通过上面的分析可以清晰地看出，我国的医药健康产业还有非常广阔的发展空间。截至2018年年底，全球最大的医药企业美国瑞辉公司的年度销售收入为453.55亿美元；瑞士最大的医药企业诺华的销售收入为418.75亿美元；法国最大的医药企业赛诺菲的销售收入为343.97亿美元；日本最大的医药企业武田的销售收入为142.62亿美元，而我国最大的医药企业恒瑞医药的销售收入仅为174.18亿人民币。因此，相比发达国家的医药企业，我们的医药企业规模还很小，还有很大的发展空间。未来数年内，在医药市场上可能会涌现出一批与国际制药巨头相匹敌的医药企业。

四、两票制

两票制，是指药品从医药生产企业卖到一级经销商开一次发票，经销商卖到医院再开一次发票，以“两票”替代目前常见的七票、八票，减少流通环节的层层盘剥，并且每个品种的一级经销商不得超过两个。

以前一种药品出厂后，要经过很多层经销商才能到医院，销售给患者。其间每经过一层经销商，必然会加价一次，最后患者拿到手中的药品价格要比出厂价高出很多倍。其实，从两票制的定义中可以看出该制度对整个医药经营行业的影响。以前市场上可能存在七八家经销商，现在只需要一家。对于医药经销商来说，要么成为存活下来的一家，要么成为被淘汰的六七家。

从该制度的推行来看，对医药经营行业中的大型经销商来说，无疑是一个利好消息。未来减少经销商层级，势必淘汰大量中小型医药经营企业，大型医药经营企业则会成为剩下的那一家。未来医药经营行业将会进一步趋向集中，对于医药经营企业中的国药股份、华润医药、上海医药以及广州医药等企业的业绩来说，无疑具有很强的刺激作用。

五、带量采购

2018 年 11 月 15 日，以上海为代表的 11 个试点地区委派代表组成的联合采购办公室，发布了《4+7 城市药品集中采购文件》。其中规定：化学药品新注册分类批准的仿制药品目录，经联采办会议通过以及咨询专家，确定采购品种（指定规格）及约定采购量，业内称为带量采购。

“4+7 城市”包括北京、上海、天津、重庆 4 个直辖市和沈阳、大连、厦门、广州、深圳、成都、西安 7 个城市，共 11 个城市。与以往的招标采购不同，带量采购直接明确了采购数量，通过量价挂钩的方式，实现原研药与仿制药的充分竞争。

通过目前已经实施的几次大规模带量采购来看，药品中标价格与之前的售价相比出现了大幅下降，平均降幅达 52%，最高降幅达 96%。对于医药生产企业来说，带量采购对企业业绩的冲击是十分大的。企业的药品若要中标，则不得不接受大幅度让利降价；药品若不能中标，则会失去大部分市场。从长远来看，未来加入带量采购的城市会越来越多，因此，制药企业再想像以前靠几种药品躺着赚钱的时代要结束了。制药企业要想不被淘汰，必须加大力度做好原研药的研发，毕竟只有原研药的利润才是最有保障的。

带量采购对制药企业而言并不全是利空，对于研发实力较强，且产品质量较佳的企业来说，是一个很好的发展契机。带量采购若能中标，将减少企业大量的营销费用，提升产品的知名度和美誉度。

第二节　医药健康行业概述

医药健康行业涉及的细分领域比较多，概括起来包括但不限于以下 7 个类别，如图 2-3 所示。

一、药物研发与生产

药物研发与生产是一个相对比较宽泛的概念。美国食品药品监督管理局将药品划分成两大类，即原研药与仿制药。目前，即使在美国药品市场上，仿制药也占据80%左右的份额，我国药品市场上销售的药物中98%以上为仿制药。

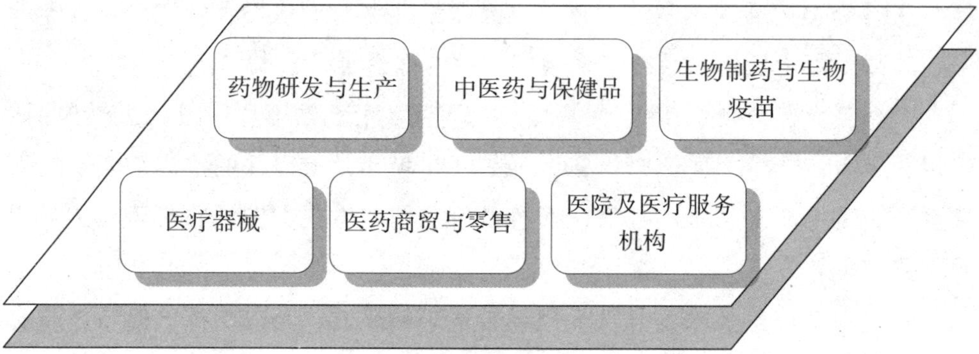

图2-3　医药健康行业细分

1. 原研药

原研药是指原创研究的新药，也就是专利药。通常情况下，原研药的研发周期非常长，一般需要15年左右的研发周期，而且投资巨大，还伴随着很大的研发失败风险。正因如此，原研药一般都是由大型制药巨头投资开发完成的。也有一些规模较小的制药厂成功研发了某一具有突破性的药品，但最后很可能被大型制药巨头收购。

长期下来，我们就会看到，大多数具有突破性的新药都是由国际著名的制药巨头研发成功。一款新药上市之后，会有一段时间的专利保护期（美国的新药专利保护期一般不超过14年，我国没有特殊的药品专利保护期，普通的发明专利保护期为20年）。这些制药巨头为了在专利保护期内尽可能多地收回新药研发成本和利润，会将新药价格设定在较高水平。

2. 仿制药

仿制药是当原研药过了专利保护期后，被其他企业按照原研药的成分及构成仿制出来的药品。相比于原研药，仿制药的研发周期短、投资少，而且不容易失败。目前，国内制药企业大多数从事的是仿制药的研发与生产。

通常情况下，仿制药在疗效方面与原研药接近，且价格低很多。国内的主要制药巨头恒瑞医药和复星医药就是典型的仿制药生产厂商。

在医药研发与生产领域，除了从事原研药和仿制药研发的企业外，还有一类专门从事 CRO（制药研发服务）业务的企业。这类企业可以承接一些原研药企业在研发与临床试验方面的业务。目前，A 股市场上比较典型的 CRO 企业是药明康德，我们后面还将详细分析这家公司。

二、中医药与保健品

相对于西药来说，中医药是一个特殊的存在。一方面，老字号中医药生产企业在国内享有很高的声誉，另一方面，由于无法满足美国和欧盟等国家和地区对药品检测的规定，无法打开国际市场。目前，每年出口的中药主要以中药提取物为主，并非传统中药。

近几年来，中药工业的总产值呈现出大幅上升的态势。特别是 2018 年国家卫生部门取消了中药临床试验的环节，这一举措一方面为中医药的发展减少了阻力，可以在一定程度上促进中医药的繁荣；同时，由于没有临床试验数据，进入国际市场会愈发困难。

保健品领域，则是介于药品与食品之间的领域。我国历来有“药补不如食补”一说，使得保健品受到很多消费者的追捧，特别是中老年人的青睐。例如东阿阿胶、汤臣倍健等公司的市值都比较高，反映出了市场对保健品领域的认可。

三、生物制药与生物疫苗

生物制药是指运用微生物学、生物学、医学、生物化学等的研究成果，从生物体、生物组织、细胞、器官、体液等综合利用微生物学、化学、生物化学、生物技术、药学等科学原理和方法制造用于预防、治疗和诊断的制品。我们日常生活中最常见的一种生物制剂就是疫苗。牛结晶胰岛素、人工合成白蛋白等也属于典型的生物制药。

生物制药涵盖的领域包括基因工程、细胞工程（免疫疗法）、酶工程、发酵工程以及蛋白质、核酸、糖类、脂类等生物药物。相对而言，酶工程、发酵工程的技术难度较小，国内很多生物公司多集中于这两类技术方面，如生产维生素和抗生素都属于酶工程技术。尽管这类企业属于生物制药公司，但技术含量较低。

从某种意义上来说，生物制药代表了未来制药发展的方向，也是有着广阔未来的一个行业。

四、医疗器械

相比医药行业，医疗器械行业是一个拥有更为广阔创新空间的行业。医疗器械行业的创新难度要小于医药行业，而且进入门槛相对较低，因此国内的医疗器械企业很多，从生产小型日常使用的医疗器械到心脏支架、医学影像设备等应有尽有。同时，国家政策环境也有利于该行业的快速发展。

医疗器械行业可以细分为体外诊断器械、医学影像设备、高值医用耗材以及康复设备等。

五、医药商贸与零售

在整个医药健康产业中，医药商贸与零售也是一个非常关键的环节。医药商贸与零售企业直接对接终端的医生与患者，承担着主要的物流配送职能。这些医药商贸企业包括全国型连锁分销企业，如国药集团、华润医药、上海医药，也包括一些地区性分销企业，如广州医药、南京医药等。

随着互联网的普及，越来越多的医药分销企业开始涉足电子商务。未来，医药电商有可能会重塑整个医药商贸与零售的格局。

六、医院及医疗服务机构

医院及医疗服务行业涵盖了普通的综合性医院、专科医院、专业育婴机构（如月子中心）以及医疗美容服务机构等。数量众多的公立医院属于公益性医疗机构，短期内很少会有上市融资需求，而一些民营综合性医院，特别是专科医院，未来会走向上市融资之路。在众多专科医院中，牙科医院、眼科医院属于比较特殊的两种，也是未来发展潜力最大的两类。

第三节　医药健康行业面临的风险和挑战

从整体上来看，医药健康行业的发展空间非常大，但由于行业的特殊性，作为个体的上市公司仍面临诸多风险与挑战。

一、安全风险与黑天鹅事件

医药健康产品是关乎人的生命与健康安全的特殊商品，在所有国家都受到特殊的监督管控。各个医药健康企业都有各自的安全管理措施，但这仍无法避免出现个别的安全事件。这些事件一旦发生，会给社会带来严重的危害，对企业也是致命的打击。

随着网络舆情力量的不断增大，人们也越来越关注安全事件，相关股票也会相应受到影响。投资者在看好医药健康板块的同时，也要有风险防控意识，不能让单只股票占据的仓位过大。

二、不公平竞争问题

因为医药健康行业的特殊性，使得消费者对该行业的安全问题特别关注。这也使得在这一领域内出现了诸多不公平竞争的问题，甚至有的厂商利用消费者对安全问题的关注，采用不公平竞争的手段打压竞争对手。

三、科技进步与替代品的威胁

科技进步的步伐不断加快，很多医药健康产品都面临着替代品的威胁。很多风光无限的产品，一旦出现替代品，立即就会成为明日黄花，这也是很多医药企业宁可进行仿制药的开发，也不愿意进行原研药研究的一个原因。当你耗费很多资本研究的新药或新产品刚刚上市或还没有正式上市时，一个替代品已经出现了，这可能让你损失大量的时间成本和金钱成本。

科技进步与替代品的问题在医疗器械研发方面表现尤为明显。随着科技日新月异的发展，新的医疗器械不断面世，这都会对原有的医疗器械或相关产品产生很强的替代作用。

第三章

医药健康股票的价值评估

估值，是整个股票投资的基础。特别是对于价值投资者而言，相对准确的估值是投资成功的关键。每个投资者都试图找到一种估值方法，以对股票的价值进行相对准确的评估，然而，我们不得不承认，没有人能够准确计算股票的价值。我们只能通过一些相对科学的方法，大致判断一只股票的内在价值与价格的关系，进而做出投资决策。一只股票的价格受内在价值、经营水平、竞争能力、外界环境、供求关系等诸多因素的影响。

第一节 基本财务分析指标

按照目前我们能够掌握的上市公司资料来看，财务指标仍是分析一只股票内在价值的有效手段。因此，了解财务报表中的资产负债表、利润表和现金流量表，是分析一只股票价值的前提。

一、认识资产负债表

我们平时说谁家比较有钱，指的就是这家的资产较多，没有或者很少有负债情况。我们看一个企业的实力，也要看其资产与负债情况。通常情况下，资产越多，负债越少，那么企业的实力也越雄厚，也就越具备投资价值。

资产负债表又称财务状况表，表示企业在一定时期（通常为各会计期末）的财务状况（即资产、负债和所有者权益的状况）的主要会计报表。资产负债表由资产、负债和所有者权益 3 部分组成。“资产 = 负债 + 所有者权益”是资产负债表编制的理论基础，也是资产负债表成立的基本原理。上市公司每个季度都会公布自己的财务报表，其中资产负债表和利润表、现金流量表都是必须公布的重要项目。

在炒股软件中，投资者可以借助【F10】功能，在【财务概况】选项卡内点击【财务指标】，再点击【资产负债表】，查看完整的资产负债表信息，如图 3-1 所示。

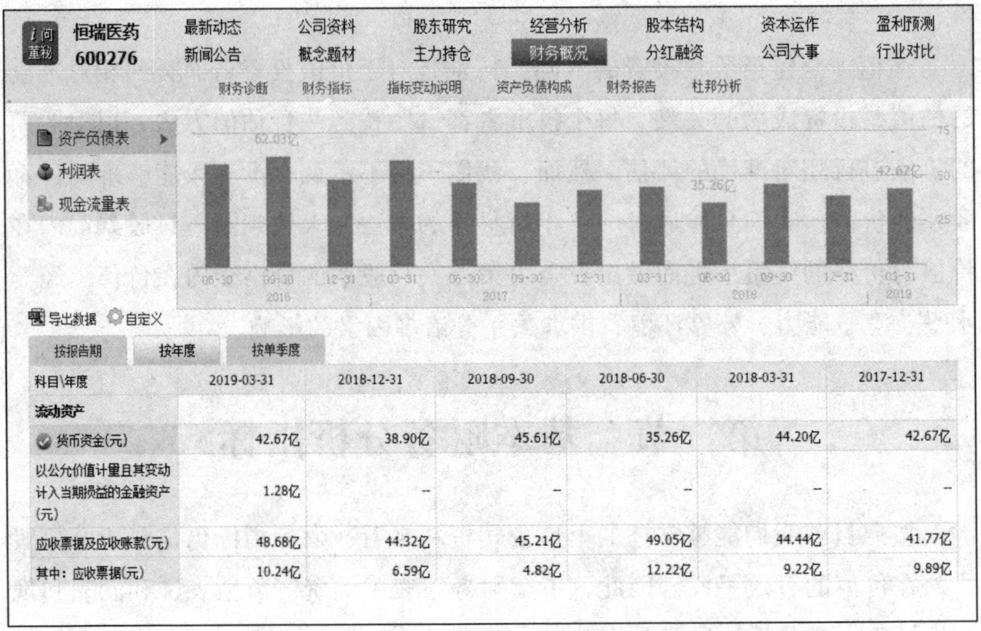

图 3-1 恒瑞医药（600276）资产负债表

炒股软件中给出的资产负债表的项目是纵向排列的，同时给出了多个报告周期的数据。投资者可以通过各个周期的财务数据进行对比，以获得自己想要的信息。为了让读者更加容易理解资产负债表，下面我们把资产负债表还原为普通样式，如表 3-1 所示。

表 3-1　资产负债表

2018 年 8 月 8 日　　　　　　　　　　　　　　　　　　会企 01 表
编制单位：**** 有限责任公司　　　　　　　　　　　　　单位：元

资产	行次	年初数	期末数	负债和所有者权益（或股东权益）	行次	年初数	期末数
流动资产：				流动负债：			
货币资金	1	880 000.00	2 000 000.00	短期借款	33	300 000.00	700 000.00
交易性金融资产	2			交易金融负债	34		
应收票据	3			应付票据	35		
应收账款	4	200 000.00	500 000.00	应付账款	36	1 800 000.00	2 200 000.00
预付账款	5			预收账款	37		
应收利息	6			应付职工薪酬	38		600 000.00
应收股利	7			应交税费	39		399 000.00
其他应收款	8	2 000 000.00	100 000.00	应付利息	40		1 000.00
存货	9	1 000 000.00	3 000 000.00	应付股利	41		
其中：消耗性生物资产	10			其他应付款	42	700 000.00	1 000 000.00
一年内到期的非流动资产	11			一年内到期的非流动负债	43		
其他流动资产	12			其他流动负债	44		
流动资产合计：	13	4 080 000.00	5 600 000.00	流动负债合计：	45	2 800 000.00	5 000 000.00
非流动资产：				非流动负债：			
可供出售金融资产	14			长期借款	46		
持有至到期投资	15			应付债券	47		
长期应收款	16			长期应付款	48	1 500 000.00	1 000 000.00
长期股权投资	17	1 000 000.00	1 000 000.00	专项应付款	49		

续表

资产	行次	年初数	期末数	负债和所有者权益（或股东权益）	行次	年初数	期末数
投资性房地产	18			预计负债	50		
固定资产	19	2 000 000.00	2 500 000.00	递延所得税负债	51		
在建工程	20			其他非流动负债	52		
工程物资	21			非流动负债合计：	53	1 500 000.00	1 000 000.00
固定资产清理	22			负债合计：	57	4 300 000.00	6 000 000.00
无形资产	23	600 000.00	600 000.00				
开发支出	24			所有者权益（或股东权益）：	58		
专利权	25			实收资本（或股本）	59	3 000 000.00	3 000 000.00
商标权	26			资本公积	60		
商誉	27			减：库存股	61		
长期待摊费用	28			盈余公积			
递延所得税资产	29			未分配利润	62	380 000.00	700 000.00
其他费流动资产	30			所有者权益（股东权益）合计：	63	3 380 000.00	3 700 000.00
非流动资产合计：	31	3 600 000.00	4 100 000.00		64		
资产总计：	32	7 680 000.00	9 700 000.00	负债和所有者权益（或股东权益）合计：	65	7 680 000.00	9 700 000.00

注：表中数据皆为虚拟数据，仅为方便讲解之用。

对比图 3-1 和表 3-1 可以发现，炒股软件中的资产负债表其实就是将表 3-1 中的项目竖向展开了。

企业所在的行业不同、经营项目不同，资产负债表中的一些具体分类项目也会有所差异，但基本结构不会变。

资产负债表的左侧为资产栏目，右侧上半部分为负债栏目，右侧下半部分为所有者权益栏目。资产栏目的总额应该恒等于右侧负债栏目与所有者权益栏目的总和。

1. 资产负债表中的“资产”

资产是指由企业过去经营交易或各项事项形成的、由企业拥有或控制的、预期会给企业带来经济利益的资源。用通俗的话来讲，就是告诉投资者我这个企业都有什么（资产）。企业所拥有的东西，既包括用自己的钱买来的（所有者权益），还包括借别人的钱买来的自己用的东西（负债）。总之，企业现在能用来赚钱的资源就是企业的资产。

按照会计分类方法，可以将资产分为流动资产和非流动资产两类。

（1）流动资产。

流动资产是指企业可以在 1 年或者超过 1 年的一个营业周期内变现或者运用的资产，是企业资产中必不可少的组成部分。流动资产，也就是那些能够在短期内迅速变现的资产，最典型也是最重要的流动资产如现金（本身就是货币）、存货（商品可以卖出换回现金；原材料可以变成商品再换回现金）、应收账款（别人欠自己的钱，能收回来的就是现金，收不回来就会变成坏账）。

在诸多流动资产中，现金又是最重要的一种。毕竟企业不同，行业不同，存货和应收账款的变现能力是有差别的。比如，图 3-1 中的恒瑞医药，2017 年度应收账款为 37.73 亿元。从历年应收账款的变化可知，随着恒瑞医药营业收入的增长，应收账款也在不断增加。

（2）非流动资产。

非流动资产是指不能在 1 年或者超过 1 年的一个营业周期内变现或者耗用的资产。非流动资产是指流动资产以外的资产，主要包括持有到期投资、长期应收款、长期股权投资、工程物资、投资性房地产、固定资产、在建工程、无形资产、长期待摊费用、可供出售金融资产等。也就是说，除了流动资产之外的资产，都属于非流动资产。非流动资产的变现能力普遍要弱于流动资产，而且在变现时常常会有折损。

非流动资产中，最典型的主要包括以下几类。

第一，长期股权投资，即企业对外投资所取得被投资单位的股份。A股上市公司经常会投资一些相关单位，企业为了获得被投资单位的股份所花费的钱就是长期股权投资。这些企业每年的分红，也会按比例计入企业的投资收益。作为投资者，需要关注这些上市公司投资的单位及行业。若被投资单位中有些能够上市，无疑将大大提升企业的投资收益；若被投资单位中有一些涉及某热门概念，也会带动上市公司股价上扬。

第二，固定资产。固定资产是指企业为生产产品、提供劳务、出租或者经营管理而持有的使用时间超过12个月、价值达到一定标准的非货币性资产，包括房屋、建筑物、机器、机械、运输工具以及其他与生产经营活动有关的设备、器具、工具等。固定资产具有3个属性：其一，必须是与生产经营有关的（无关的资产可能被列入投资，如投资性房产）；其二，持有和使用时间较长，一般要超过12个月；其三，要有一定的价值，价格不能太低（价格太低可能会被列入低值易耗品直接摊销）。

大多数企业固定资产占总资产的比例较大，特别是一些生产型企业，其设备、厂房的投资很大，很容易造成固定资产高企。这些固定资产通常在短期内难以变现，只会在企业账面上显现，一旦企业破产，可能会被折旧相当的价值。也有一些企业的固定资产已经折旧完毕，但仍然发挥余热，这可能为企业增值不少。正因如此，投资者在分析目标标的资产时，要留心固定资产栏目，从不同角度分析固定资产的价值。

第三，无形资产。无形资产是指企业拥有或者控制的没有实物形态的可辨认非货币性资产。无形资产包括商誉、特许经营权、专利权、商标权等。无形资产的计量存在一定的难度，只有在发生交易时，才会体现其价值。很多品牌价值高的企业，在会计报表中并没有计入这部分资产，这部分资产往往存在被低估的情况。投资者需要自行估算其大致价值，以便获得标的企业更为准确的价值数据。

2. 资产负债表中的“负债”

负债是企业承担的能以货币计量、需以资产或劳务偿还的债务。它是一种债务，是企业需要偿还的钱。如同一个人欠了别人的钱，这笔债终究是要还的。资产负债表中的“负债”就是告诉大家，这家企业到底欠了多少外债。如果一个人欠了其他人很多钱，那么，他再出去借钱的时候，大家就会担心他能不能还钱。企业也是如此，如果一个企业的负债过多，甚至出现资不抵债（资产小于负债），那这家企业离破产就不远了。

按照会计分类方法，可以将负债分为流动负债和非流动负债两类。

（1）流动负债。

流动负债是指在 1 年或者超过 1 年的一个营业周期内偿还的债务。流动负债与流动资产相对，是需要在短期内偿还的债务。换句话说，这些债务可能在接下来的 1 年内耗用企业的大量现金，企业必须有充足的流动资产与之对应。最典型的流动负债包括短期借款、应付账款、应付职工薪酬、应付税费、预收账款（企业必须在短期内向客户提供产品，而产品属于流动资产范畴，不过，预收货款越多，越能说明企业在市场竞争中处于优势地位，恒瑞医药的预收账款为 2.23 亿元，见图 3-2）等。

i问董秘　恒瑞医药 600276
最新动态　新闻公告　公司资料　概念题材　股东研究　主力持仓　经营分析　财务概况　股本结构　分红融资　资本运作　公司大事　盈利预测　行业对比
财务诊断　财务指标　指标变动说明　资产负债构成　财务报告　杜邦分析

流动负债	2018	2017	2016	2015	2014	2013
短期借款(元)	--	--	--	--	--	--
应付票据及应付账款(元)	14.02亿	7.34亿	7.55亿	5.06亿	4.19亿	2.90亿
其中：应付票据(元)	2086.54万	--	--	1408.77万	2292.43万	750.40万
应付账款(元)	13.81亿	--	7.55亿	4.92亿	3.96亿	2.82亿
预收款项(元)	2.23亿	2.11亿	1.52亿	1.13亿	2282.49万	1102.28万
应付职工薪酬(元)	4.13万	11.49万	9.52万	2.57万	2.07万	1.94万
应交税费(元)	1.32亿	5.08亿	3.07亿	2.23亿	1.64亿	8357.45万
其他应付款合计(元)	7.36亿	5.98亿	1.51亿	2.01亿	2.44亿	9045.11万
应付股利(元)	[illegible]	--	--	--	--	--
其他应付款(元)	[illegible]	--	1.51亿	2.01亿	2.44亿	9045.11万
一年内到期的非流动负债(元)	--	--	--	1003.00万	--	1000.00万
其他流动负债(元)	--	--	--	--	--	--
流动负债合计(元)	24.94亿	20.50亿	13.65亿	10.53亿	8.51亿	4.85亿
非流动负债						

预收账款

图 3-2　恒瑞医药（600276）财务数据表

（2）非流动负债。

非流动负债又称长期负债，是指偿还期在 1 年以上或者超过 1 年的一个营业周期以上的债务。非流动负债多是一些需要在未来某个时间点偿还的债务。最典型的非流动负债包括长期借款、应付债券、专项应付款、长期应付款等。

3. 资产负债表中的“所有者权益”

所有者权益是指企业资产扣除负债后，由所有者享有的剩余权益。公司的所有者权益又称股东权益。所有者权益是所有者对企业资产的剩余索取权，它是企业的资产扣除债权人权益后应由所有者享有的部分。其实，这部分资产本质上就是企业的净资产。通常情况下，所有者权益越高，说明企业内在实力越强。所有者权益主要包括实收资本、资本公积、盈余公积、未分配利润等几项。

（1）实收资本。

实收资本是指企业实际收到的投资人投入的资本。在上市公司财务报表中，更多的会以“股本（单位：元）”来体现。目前，大多数上市公司原始股的票面价格为 1 元，也就是说，这家公司共有多少股数，也就有多少元的实收资本。例如，恒瑞医药截至 2018 年年底的股数为 44.23 亿股，那么，该公司的实收资本就是 44.23 亿元。不过，也有例外情况，比如，紫金矿业股票的票面价格仅为 0.1 元，截至 2017 年年底，紫金矿业的股本数为 230.31 亿股，该公司的实收资本为 23.03 亿元。投资者在选择投资标的时，还要多留心一下这些股票的股票总数和股本额情况。

（2）资本公积。

资本公积是指企业在经营过程中由于接受捐赠、股本溢价以及法定财产重估增值等原因所形成的公积金。例如，某个人赠予公司 100 万元，那么这 100 万元就会被计入资本公积。同样常见的资本公积还包括上市公司发行股票的溢价价值。前面讲过，大多数上市公司的股票票面价格为 1 元，上市时，其发行价会远远超过 1 元，那么这部分溢价的金额将会被计入企业的资本公积中。

例如，某公司上市发行股票 2 000 万股，发行价格为 10 元，那么

资本溢价金 =（10-1）×2 000=18 000（万元）

这 18 000 万元会被计入资本公积（不考虑其他税费支出）。新股发行过程中会有大量资本溢价金被计入资本公积，这部分资本公积未来有转增资本（送股）的可能，这也是投资者青睐新股的一个原因。

（3）盈余公积。

盈余公积是企业从税后利润中提取形成的、存留于企业内部、具有特定用途的收益积累，它指各种积累资金，包括法定盈余公积、任意盈余公积、法定公益金。通常情况下，企业每年可以从净利润中提取 10% 左右的资金作为盈余公积。当企业的盈余公积规模达到企业注册资本的 50% 时，可不再提取。

这部分盈余公积可以用于弥补亏损或者扩大生产经营，也可以用于转增资本（上市公司也有用盈余公积转增资本、派送新股的）。其实，很多时候财务报表出来后，投资者查看一下各个公司的资本公积和盈余公积情况，就可以大致了解这个公司有无送股的可能。

（4）未分配利润。

未分配利润是企业留待以后年度分配或待分配的利润。未分配利润一般是当年企业净利润扣除盈余公积后，可供给投资者分配的部分。目前很多上市公司并不会将全部未分配利润分给投资者，毕竟很多公司都缺钱。

年报出台后，未分配利润多的企业，分红的概率和额度都会相对较高，这也是投资者找寻成长股的原因之一。

二、认识利润表

利润表是反映企业在一定会计期间经营成果的财务报表。上市企业会在每个季度结束后公布该季度的收入与支出情况，并汇总计算出净利润和每股净收益。最终的利润数值固然重要，但其收入与支出的构成同样需要关注。

投资者可在炒股软件中借助【F10】功能，在【财务概况】选项卡内点击【财务指标】，再点击【利润表】，查看完整的利润表信息，如图 3-3 所示。

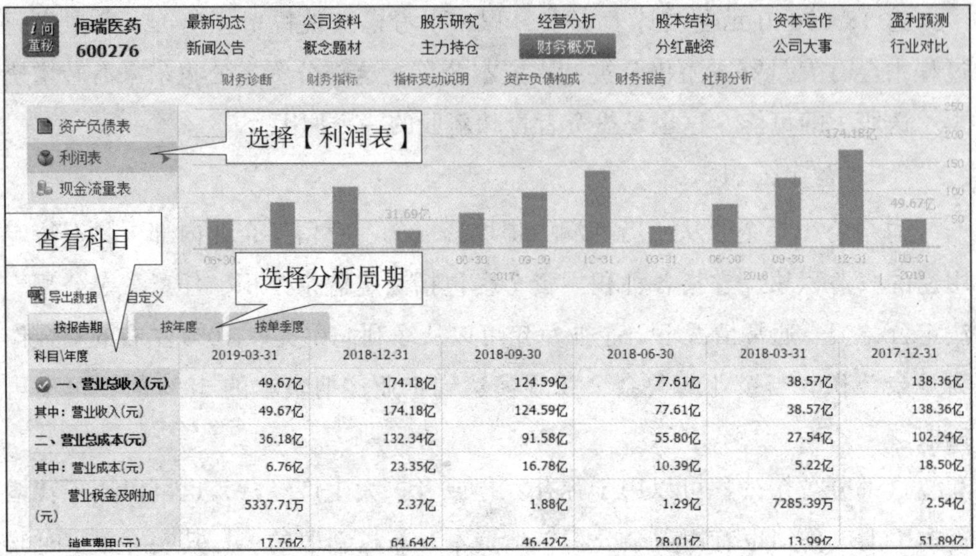

图 3–3　恒瑞医药（600276）利润表

炒股软件中给出的利润表项目都是纵向排列的，同时会给出多个报告周期的数据。投资者可以通过各个周期的财务利润数据进行对比，以获得自己想要的信息。

为了让读者更容易理解利润表，下面把利润表还原为普通样式，如表 3-2 所示。

表 3–2　利润表

2018 年 8 月 8 日　　　　　　　　　　　　　　　　　　　　会企 02 表

编制单位：**** 有限责任公司　　　　　　　　　　　　　　　单位：元

项目	行次	本期金额	上年同期
一、营业收入	1	1 700 000.00	800 000.00
减：营业成本	2	1 300 000.00	600 000.00
营业税金及附加	3	50 000.00	10 000.00
销售费用	4	100 000.00	35 000.00
管理费用	5	50 000.00	20 000.00
财务费用	6	10 000.00	5 000.00
资产减值损失	7		
加：公允价值变动收益	8		

续表

项目	行次	本期金额	上年同期
投资收益	9	50 000.00	
其中：对联营和合资企业投资收益	10		
二、营业利润	11	240 000.00	130 000.00
加：营业外收入	12	530 000.00	51 000.00
减：营业外支出	13	300 000.00	30 000.00
营业税金及附加	14	70 000.00	1 000.00
三、利润总额	15	400 000.00	150 000.00
减：所得税费用	16	80 000.00	30 000.00
四、净利润	17	320 000.00	120 000.00

注：数据皆为虚拟数据，仅为方便讲解之用。

利润表中的项目是按照自上而下排列的，各个项目给出的数值及增减关系一目了然。投资者要特别注意以下几个科目。

1. 利润表中的“营业收入”

营业收入指企业从事生产、经营活动所取得的收入，这是一个判断企业收入成色的科目。营业收入越高，企业越专注于核心业务，未来可能获得的收入越高；反之，则可能因为企业过分关注非营业业务（投资理财、变卖资产等）而导致主营业务不振，影响企业长期盈利能力。

比营业收入更加有效的指标是主营业务收入。主营业务收入更能反映企业核心业务的收入情况，也比营业收入更加可靠。不过，从目前上市公司披露的年报中，很难区分出主营业务和非主营业务，毕竟很多上市公司现在都是多元化运作。从专业化运作角度来看，一些专注于某一领域，且在该领域内取得较为明显优势的企业更值得关注。

2. 利润表中的“营业成本”

营业成本是用来核算企业因销售商品、提供劳务等日常活动而发生的成本。营业成本是与营业收入相对的概念。正常情况下，营业成本必然低于营业收入（没有人会做赔钱的交易）。投资者通过营业成本与营业收入的比较，能够看出企业的成本控制情况。

3. 利润表中的“管理费用”

管理费用是指企业行政管理部门为组织和管理生产经营活动而发生的各种费用，它是企业运营过程中一种相对稳定的支出。若企业没有出现大规模调整（规模扩大、收购新的企业或裁员等），企业的管理费用应该保持一定的稳定性。若某一年或季度企业的管理费用出现异常增减，投资者需要仔细研判变化的原因，以及可能给企业收益带来的影响。

4. 利润表中的“销售费用”

销售费用是指企业销售商品和材料、提供劳务的过程中发生的各种费用，包括企业在销售商品过程中发生的保险费、包装费、展览费和广告费、商品维修费、预计产品质量保证损失、运输费、装卸费等以及为销售本企业商品而专设的销售机构（含销售网点、售后服务网点等）的职工薪酬、业务费、折旧费等经营费用。

随着企业对销售策划、广告宣传的日益重视，广告费等销售费用在企业开支中所占比重也越来越大。企业类型不同，推广战略不同，销售费用的规模和占营业收入的比重也不尽相同。投资者应该研判销售费用与营业收入对比发生异动的情况。例如，某上市公司的销售费用一直占营业收入的5%左右，但某一年达到了10%，这时投资者就需要研判发生这种变化的原因，以及未来可能给企业收益带来的影响。

5. 利润表中的“财务费用”

财务费用是指企业为筹集生产经营所需资金等而发生的费用。用通俗的话来讲，你从别人手里借钱，是要付利息的。上市公司从银行或企业金融机构借贷，也需要偿付利息。通常情况下，企业融资规模越大，利息支出越大，财务费用也越高，这些财务费用会蚕食企业相当一部分盈利。

三、认识现金流量表

现金流量表是以现金为基础编制，反映企业一定会计期间内经营活动、投资活动以及筹资活动等对现金及现金等价物产生的影响的会计报表。它本质上是一张反映企业现金流入与流出的报表。

每季度结束后，上市公司会公开本季度的现金流量表。投资者可在炒股软件中借助【F10】功能，在【财务概况】选项卡内点击【财务指标】，再点击【现金流量表】，查看完整的现金流量表信息，如图 3-4 所示。

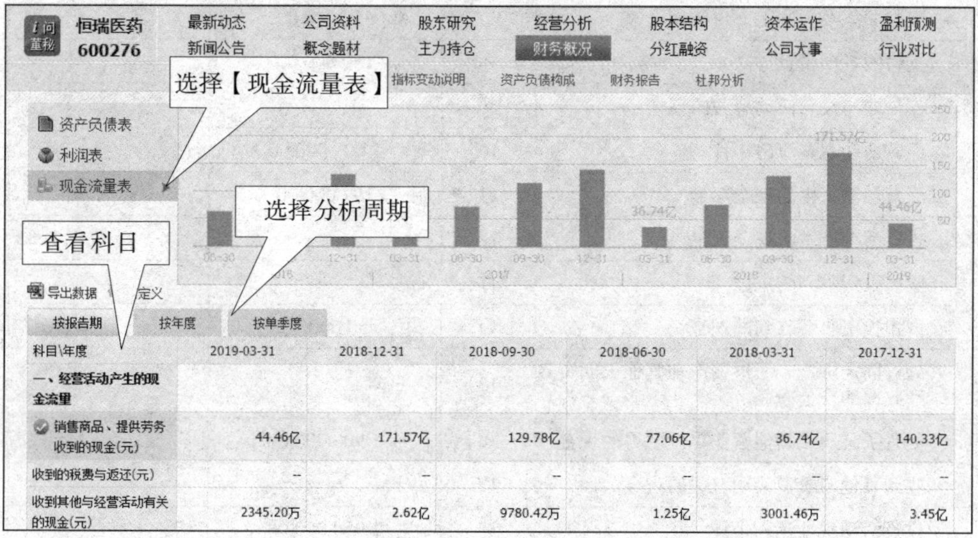

图 3-4　恒瑞医药（600276）现金流量表

炒股软件中给出的现金流量表项目都是纵向排列的，同时给出多个报告周期的数据。投资者可以通过各个周期的现金流入与流出数据进行对比，以获得自己想要的信息。为了让读者更容易理解现金流量表，下面把现金流量表还原为普通样式，如表 3-3 所示。

表 3-3　现金流量表

2018 年 8 月 8 日　　　　　　　　　　　　　　　　　　　　会企 03 表
编制单位：**** 有限责任公司　　　　　　　　　　　　　　　　单位：元

项目	行次	本期金额	其他说明
一、经营活动产生的现金流量：	1		
销售商品、提供劳务收到的现金	2	1 797 000.00	

续表

项目	行次	本期金额	其他说明
收到的税费返还	3		
收到其他与经营活动有关的现金	4		
经营活动现金流入小计	5	1 797 000.00	
购买商品、接受劳务支付的现金	6	1 000 000.00	
支付职工及为职工支付的现金	7	450 000.00	
支付的各项税费	8	150 000.00	
支付的与经营活动有关的现金	9		
经营活动现金流出小计	10	1 600 000.00	
经营活动产生的现金净额	11	197 000.00	
二、投资活动产生的现金流量	12		
收回投资收到的现金	13		
取得投资收益收到的现金	14	50 000.00	
处置固定资产、无形资产和其他长期资产收回的现金净额	15		
处置子公司或其他营业单位取得的现金	16	1 900 000.00	
收到其他与投资活动有关的现金	17		
投资活动现金流入小计	18	1 950 000.00	
投资支付的现金	19		
取得子公司或其他营业单位支付的现金	20	727 000.00	
购买固定资产、无形资产和其他长期资产支付的现金净额	21	500 000.00	
支付其他与投资活动有关的现金	22		
投资活动现金流出小计	23	1 227 000.00	
投资活动产生的现金净额	24	723 000.00	
三、筹资活动产生的现金流量	25		
吸收投资收到的现金	26		
取得借款收到的现金	27	800 000.00	
收到的其他与筹资活动有关的现金	28	200 000.00	
筹资活动现金流入小计	29	1 000 000.00	
偿还债务支付的现金	30	490 000.00	

续表

项目	行次	本期金额	其他说明
分配股息、红利或偿付利息支付的现金	31	10 000.00	
支付的其他与筹资活动有关的现金	32	300 000.00	
筹资活动现金流出小计	33	800 000.00	
筹资活动产生的现金净额	34	200 000.00	
四、汇率变动对现金及现金等价物的影响	35	—	
五、现金及现金等价物净增加额	36	1 120 000.00	
加：期初现金及现金等价物余额	37	880 000.00	
六、期末现金及现金等价物余额	38	2 000 000.00	

注：数据皆为虚拟数据，仅为方便讲解之用。

现金流量表中的项目是自上而下排列的，各个项目给出的数值及增减关系一目了然。现金流量表主体是由经营获得产生的现金流量、投资活动产生的现金流量以及融资活动产生的现金流量 3 部分构成。其中，投资者要特别注意以下几个科目。

1. 现金流量表中的“销售商品、提供劳务收到的现金”

该项目反映的是当期因销售商品、提供劳务收到的现金。这里有两层含义：其一，因销售商品、提供劳务而形成的，企业其他业务形成的收入不能列入本项目；其二，当期收到的现金，该现金是当期收回到账的，即使当期已经签订了销售合同，开具了发票，但现金没到账，仍然不能列入当期数据；反之，即使前几期形成的收入，当期到账，也要列为当期收入。

企业实际收到现金的能力，反映了企业在市场竞争中所处的位置（优势越明显，收到现金的能力就越强）及商业信誉情况（信誉良好，则获得投资和融资的现金也会很多）。总之，企业实际收到现金的能力，也是企业整体盈利能力的一部分。

由于企业在销售货物或提供劳务活动时，多存在欠款或预收账款，使得该项目的金额总是与利润表中的营业收入存在一定的出入，投资者不必过于纠结两者之间的差异。

2. 现金流量表中的“收到其他与经营活动有关的现金”

该科目作为企业“销售货物、提供劳务收到的现金”的补充，是一个需要投资者特别注意的科目。很多企业为了粉饰现金流量表，给投资者一种经营现金流充裕的假象，会在这个科目上做文章。很多炒股软件抓取的财务数据项目中，并没有“收到其他与经营活动有关的现金”，投资者可通过查看上市公司财务报告了解具体数字。同时，还要知道这些现金的来源，是不是企业为了粉饰报表而暂时引入的现金。

这里提醒投资者，尽管炒股软件给出了各家上市公司大部分财务指标和指标变动的解释，但毕竟不是完整的财务报告。投资者要想对企业财务情况进行全方位了解，还要看一看企业完整的财务报告，以及会计师事务所和相关董事出具的意见。若某公司的财务报告被会计师事务所出具了“无法发表意见”“保留意见”等字样的意见，那么这类企业就不应该成为投资备选标的了。

3. 现金流量表中的“经营活动产生的现金净额”

这是整个现金流量表中最重要的一个科目。经营活动产生的现金净额为正值，说明经营活动产生的现金流入量大于现金流出量；反之，则说明经营活动产生的现金流入量小于现金流出量。通常情况下，一家正常经营的企业，其经营活动产生的现金净额应该是正值。只有经营活动产生的现金净额为正值，才能满足企业支付股息、利息、投资等需求。若企业经营活动产生的现金净额长期为负值，则企业必须采取扩大举债规模、削减投资规模、动用盈余积累等措施，这都可能导致企业未来盈利能力不足，也说明企业的经营情况不理想，这类企业也不能成为候选投资标的。

第二节　股票基本的估值方法

以财务指标为基础的估值方法仍是股票估值中的主流方法。目前，经常使用的股票估值方法包括以市盈率为核心的估值方法、以市销率为核心的估值方法以及以市净率为核心的估值方法等。

一、市盈率估值法

1. 市盈率

以市盈率为核心的估值方法，仍是目前股票估值的主流方法。该方法以股票的每股盈利额度和每股市价为核心。其具体计算方法如下：

市盈率 = 股价 / 每股收益

在具体计算市盈率时，股价通常以最新股票报价为准，而每股收益则以上一年度的每股收益为计算依据。市盈率反映了按照当期股票收益，需要多少年收回投资成本。例如，以上一年度每股收益为依据，一只股票的市盈率为 20 倍，说明按照该股上一年度的每股收益，投资者需要 20 年才能收回买入股票的成本。

市盈率分为动态市盈率和静态市盈率两种。投资者通过炒股软件调出个股基本财务指标，就能看到这两个指标，如图 3-5 所示。

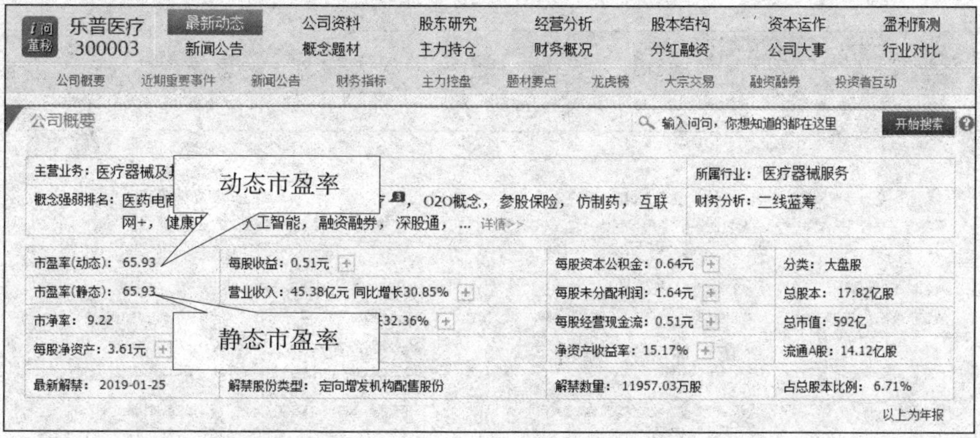

图 3-5　乐普医疗（300003）基本财务数据

（1）静态市盈率。

静态市盈率就是通常所说的市盈率，是通过最新股价与上一年度每股收益相除而获得的。静态市盈率反映的是以当前的盈利状态，投资者收回投资成本需要的时间。通常情况下，市盈率越低，说明投资者可用更短的时间收回投资，股票的投资价值越大。不过，在具体实战中，并不能简单地按照市盈率高低来选择股票。

第一，行业不同，判断市盈率高低的标准也不同。比如，银行业的市盈率普遍较低，不能以此断定所有的银行股票都是最具有投资价值的。反之，创业板和科创板的股票普遍存在高市盈率的情况，一方面是因为创业板的股票属于市场上的稀缺品，因而存在一定的溢价；另一方面则是由于创业板的股票往往被认为具有较高的成长性，市场资金愿意接受其高市盈率。

第二，从反向来看待市盈率高低更能说明问题。一些高市盈率的股票得以存在，且涨势更好，说明市场资金愿意接受其高溢价，未来这类股票也可能会继续上涨。因此，投资者通过市盈率选择股票时，必须学会辩证思考，不能一概而论。

下面是乐普医疗的财务数据，如图 3-6 所示。

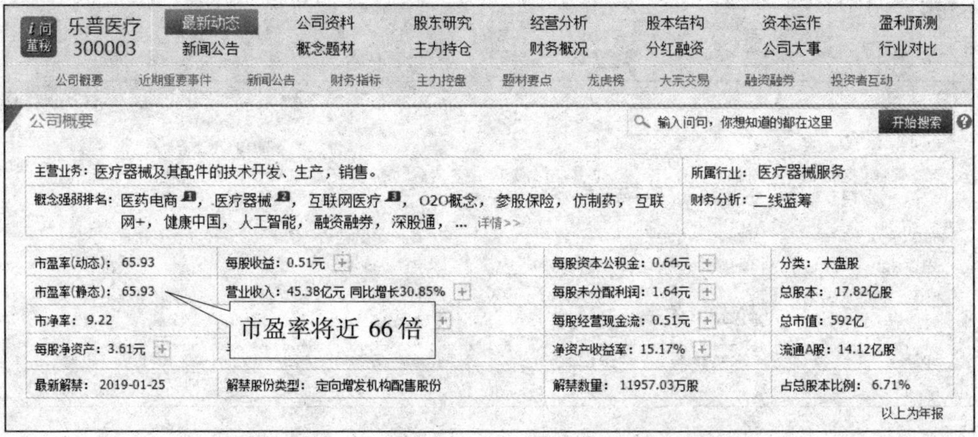

图 3–6　乐普医疗（300003）基本财务数据

从图 3-6 中可以看出，乐普医疗的市盈率达到了 65.93 倍，也就是说，投资者要想通过该股的每股盈利来收回投资成本，大约需要 66 年，当然，这还不包括红利税等因素。这只股票的市盈率应该算是很高了，下面来观察一下该股的日 K 线走势，如图 3-7 所示。

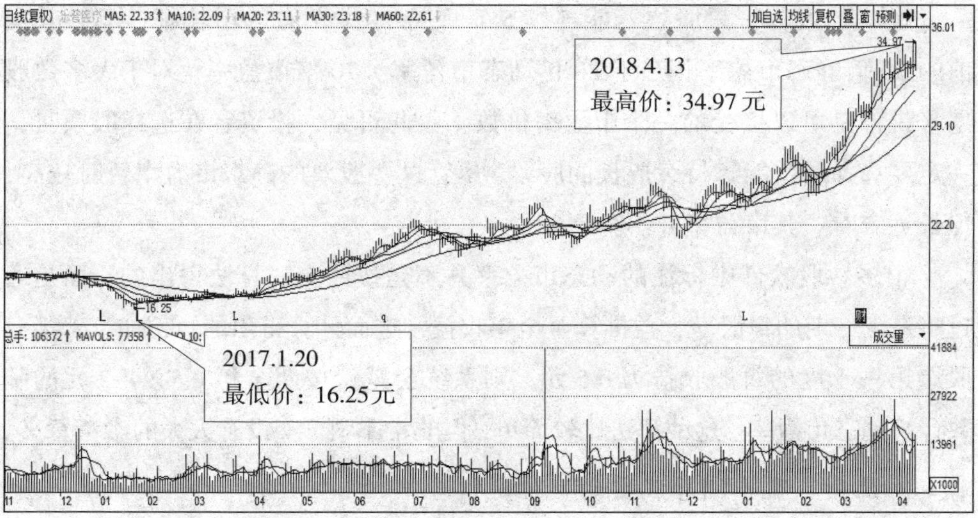

图 3-7　乐普医疗（300003）日 K 线走势图

从图 3-7 中可以看出，乐普医疗的股价自 2017 年 1 月 20 日的 16.25 元启动上升，至 2018 年 4 月 13 日，该股已经创下 34.97 元的高点。在 1 年多的时间里，该股股价翻了一番，说明该股的高市盈率并没有影响投资者的追涨热情。反过来也说明，高市盈率的股票是获得了市场充分认可的标的。当然，这并不意味着市盈率越高越好，很多短线暴涨股上涨至顶部区域时，也会出现高市盈率。

（2）动态市盈率。

动态市盈率是以静态市盈率为基准，经过动态调整获得的，其计算公式如下：

$$动态市盈率 = 静态市盈率 \times 动态系数$$

其中，动态系数 =1/（1+i）^{n}，i 为每股收益的增长性比率；n 为企业可持续发展的持续期。

每股收益的增长性比率，可以根据企业以往的每股收益增长率进行估算；同时，还要预测该企业维持该增长率的年限。例如，预估某企业的每股收益增长率在未来 5 年能维持在 20% 左右，且当前该股的市盈率为 50 倍，那么，该股的动态市盈率为：

$$动态市盈率 =50 \times [1/（1+20\%）^5]\approx 50 \times 0.4=20$$

也就是说，一只股票若能连续 5 年保持 20% 左右的增长率，那么其当前的 50 倍静态市盈率相当于 20 倍动态市盈率。20 倍市盈率，对于大多数股票来说都是可以接受的一个市盈率倍数。由此可见，投资者在选择股票时，一定要选择那些能够持续成长的股票，尽管这些股票的静态市盈率暂时较高，但长远来看，其市盈率并不算高。

很多炒股软件中标注的动态市盈率并不是按照上述算法得出的，而是通过将最近一期的每股净收益推算至全年收益，进而计算得出的。例如，若某只股票第一季度的每股收益为 0.5 元，则系统会默认按照全年 0.5×4=2 元的基数计算动态市盈率。这种算法比较简单，但非常不科学，没有太大的参考意义。

2. 应用市盈率测算股票的目标价格

应用市盈率测算股票目标价格时，需要依托的 3 个基本要素为：每股收益、预期未来的净利润增长率以及市盈率。

每股收益是测算市盈率和股票目标价格的基础，也是股票投资需要参照的重要指标。在大多数炒股软件的财务概况页面，都会给出当期的每股收益数据。

投资者可借助【F10】功能，在【财务概况】选项卡内点击【主要指标】，查看每期核心的财务指标数据，如图 3-8 所示。

未来的净利润增长率是一个非常关键的指标，也是我们对一只股票估值的关键指标。未来净利润增长率的确认需要结合以下几点。

第一，该只股票的历史净利润增长率。比如，一只股票在之前的 5 年里都保持了 25% 左右的净利润增长率，则投资者可以用 25% 为增速测算每股净收益变化情况。

第二，判断该只股票是否出现业绩拐点。例如，某只股票在之前的几年内保持了 40% 左右的增长率，但是某一年直接下降至 10%，甚至出现了负数，则需要重新评估该企业的成长情况。投资者不能将历年的增长率做简单的算术平均。如果某一企业在某年上市了新产品，并带动净利润开始大幅上升，则需要将预测的净利润增长率适当调高。

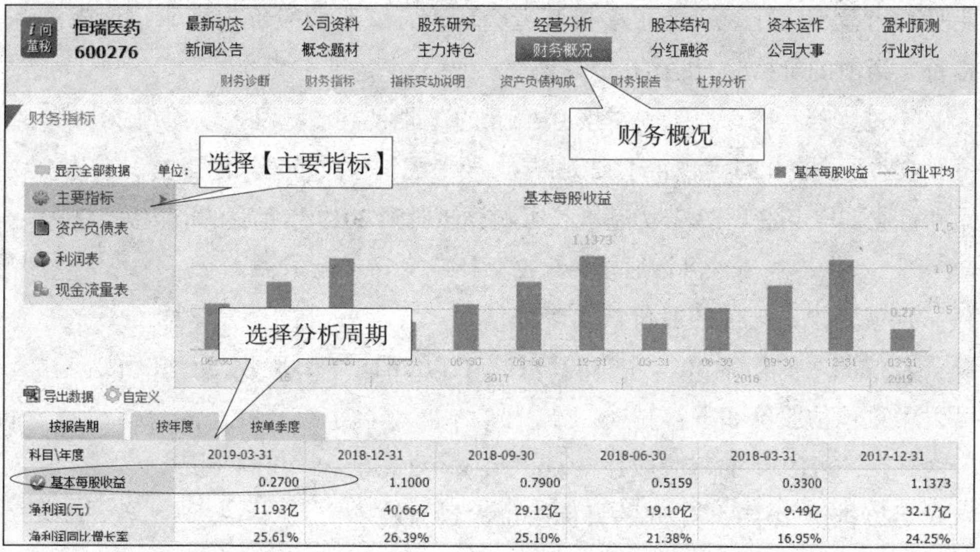

图 3–8　恒瑞医药（600276）核心财务指标

总之，在预测股票未来的增长情况时，我们无法做到精准，只要符合企业发展的大趋势即可。

最后一个指标就是前面提到的市盈率。投资者需要为某只股票划定一个大致的市盈率变动区间，即当股票的市盈率低于区间下限时（如 15 倍），可考虑建仓；当股票的市盈率高于某一上限时（如 30 倍），可开始减仓。不过，由于所处行业不同，市盈率水平也存在一定的差别。投资者在研判个股的市盈率水平时，可以参照行业平均水平。当个股的市盈率明显低于行业平均水平时，则可看成较佳的买入时机；反之，则可考虑减仓操作。

下面以乐普医疗为例进行简单的股票估值。

2018 年乐普医疗每股收益为 0.68 元，在过去的 3 年时间里，该股每股收益增长率保持在 30% 以上。2019 年 4 月，乐普医疗公布的第一季报显示，每股收益为 0.33 元，比上一年度同期上升了 97%。通过财务解读可知，该股业绩大幅上升的原因是新产品陆续上市，并即将迎来销售黄金期。

2019 年 6 月，生物医药板块的平均市盈率为 33 倍左右。此时，乐普医疗的股价为 22 元左右，静态市盈率为 32 倍。若简单地将该股的市盈率与行业平均市盈率对比，可能很多投资者会认为，该股的股价与行业平均市盈率相符，当前的价格是合适的。

不过，若考虑该股第一季度0.33元的每股收益，可以大致预判2019年的每股收益至少在0.33元×4=1.32元以上（要考虑销售放量带来的影响）。若以1.32元和行业平均市盈率33倍为基准，可测算该股到2019年年底的股价大致应为：

目标股价=1.32×33=43.56（元）

也就是说，当前的股价被大幅低估。

若按照之前几年30%左右的增长率，以2018年每股收益0.68元为基准，可以大致预估股价如下：

2019年的每股收益=0.68元×（1+30%）=0.88（元）

可以推算2019年年底的目标股价大致为：

目标股价=0.88×33=29.04（元）

若考虑销售放量的因素，按照40%左右的增长率，以2018年每股收益0.68元为基准，可以大致预估股价如下：

2019年的每股收益=0.68元×（1+40%）=0.95（元）

可以推算2019年年底的目标股价大致为：

目标股价=0.95元×33倍=31.35（元）

即使按照下线保守估计，乐普医疗的股价也存在一定的低估，该股股价当前低于目标价水平，是值得购入的目标标的。

二、以市销率为核心的估值

目前，以市盈率为核心的估值方法是使用最为广泛的一种方法。不过，相对于一些市场占有率较高，成长性较强，但暂时净利润水平较低的公司而言，市盈率估值法并非最好的选择。从历史经验来看，一些高新科技企业在成长初期都经历了低利润水平时期，而且很多大牛股也曾经历过一段低利润或负利润时期。正因如此，很多投资者开始倾向使用市销率替代市盈率来估算股票的价值。

市销率的计算公式如下：

市销率=上市公司的市值/上一年度的营业收入

市销率反映了投资者愿意为每1元营业收入支付的购买股票的成本。市销率指标对于评估一个处于成长初期的企业具有重要价值。比如，很多初创企业为了迅速抢占市场份额，往往会采取暂时牺牲利润的方法。待企业的市场占有率提升到一定水平，甚至达到了垄断地位后，再反向提升净利润水平。其实，很多互联网企业在初期会采用这种策略，特别是新兴产业公司为了抢夺客户，不惜支付补贴抢占市场。这些企业的财务报表有一个显著特征，即营业收入快速增长，净利润水平却相对较低，甚至出现亏损。若按照市盈率进行估值，这类企业可能价格会极低，但是其营业收入可以支撑其高股价。

通常情况下，相对于净利润，企业的营业收入更具稳定性，这就为评估企业的长期价值提供了一个重要的参考。

复星医药 2018 年的销售收入约为 250 亿元，而且相比上一年度增长了 35%。2019 年 6 月，复星医药的市值为 640 亿元。那么，该股的市销率为：

市销率 =640/250=2.56

目前，生物医药板块股票的市销率普遍在 10 倍以上（实际上这一数值高于很多行业）。因此，相对而言，复星医药在整个医药板块还是具有很强的估值吸引力的。

行业不同，单纯地进行市销率对比是没有意义的。例如，钢铁企业的市销率往往比较低，宝钢股份 2018 年的营业收入为 3 050 亿元，2019 年 6 月其市值仅为 1 463 元亿，也就是说，宝钢股份的市销率还不到 0.5 倍。但投资者不能仅仅因为市销率低而买入，还要考虑企业的发展周期。对于一家已经进入成熟期的企业来说，市销率的参考意义并不大，只对那些发展初期净利润较低的企业才有意义。

三、市盈率相对盈利增长率

市盈率相对盈利增长率（PEG），是通过上市公司的市盈率除以盈利增长率而获得的数值。该指标最先由英国投资大师吉姆·斯莱特提出，后来由美国投资大师彼得·林奇发扬光大。其计算公式如下：

市盈率相对盈利增长率（PEG）= 市盈率 / 盈利增长率

吉姆·斯莱特将 1 看成 PEG 指标的重要临界值。当投资标的的 PEG 小于 1 时，才有投资价值，若能小于 0.5 更佳。彼得·林奇也曾经指出，最理想的投资对象，其 PEG 值应该低于 0.5。PEG 在 0.5 ~ 1 之间，是安全范围。PEG 大于 1 时，就要考虑该股有被高估的可能。相比单纯的市盈率数值，PEG 指标更具有可操作性。

在实战操作中，投资者需要关注 3 个重要节点。

第一，历史 PEG 值。

投资者可对标的过去 3 年的 PEG 值进行计算，获得一个历史数据，并为判断当前 PEG 值所处的位置提供依据。

第二，计算当前 PEG 值。

当前 PEG 值用来研判投资标的处于当前价位时是否具有投资价值。一旦发现投资标的 PEG 值小于 1，甚至小于 0.5，则可考虑执行买入操作。

第三，预测未来 PEG 值。

预测未来的市盈率和净利润增长率并不容易，投资者可借助其他投资研究机构给出的数值，也可根据企业以往的财务数据进行估算。估算的数值并不要求十分精确，然后根据估算的数值计算未来的 PEG 值。

下面以万孚生物为例，其日 K 线走势如图 3-9 所示。

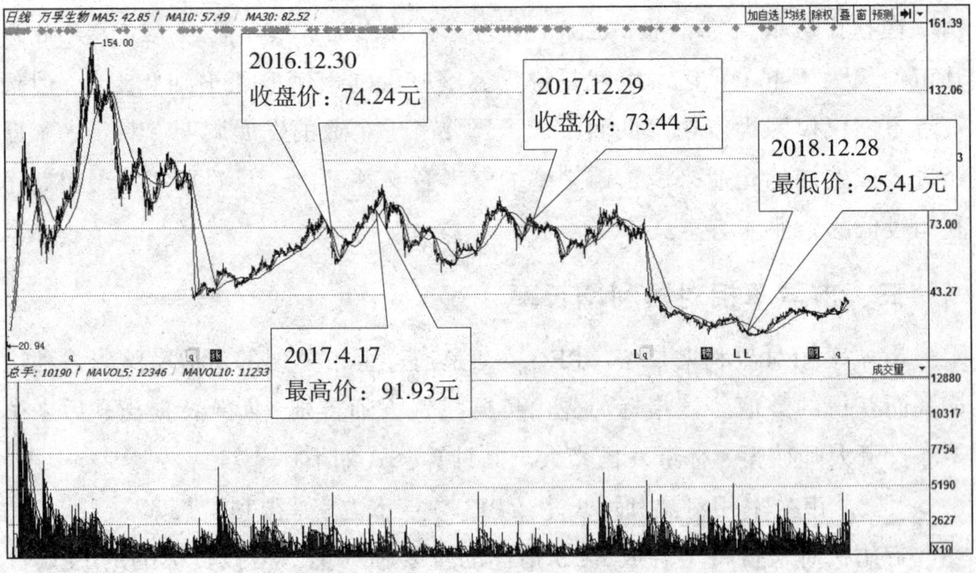

图 3-9 万孚生物（300482）日 K 线走势图

为了更加准确地判断当前PEG值所处的位置，需要研判过去3年（2016—2018年）的PEG值，以及近几年内股价历史高点PEG值和历史低点PEG值。该股的财务数据如图3-10所示。

万孚生物 300482　最新动态　新闻公告　公司资料　概念题材　股东研究　主力持仓　经营分析　财务概况　股本结构　分红融资　资本运作　公司大事　盈利预测　行业对比

财务诊断　财务指标　指标变动说明　资产负债构成　财务报告　杜邦分析

按报告期　按年度　按单季度

科目\年度	2018	2017	2016	2015	2014	2013
基本每股收益	0.9200	1.2000	0.8200	1.6300	1.4900	0.8900
净利润(元)	3.08亿	2.11亿	1.45亿	1.25亿	9836.40万	5900.35万
净利润同比增长率	46.06%	45.32%	15.66%	27.44%	66.71%	55.65%
扣非净利润(元)	2.68亿	1.79亿	1.23亿	1.02亿	7588.00万	3694.48万
扣非净利润同比增长率	49.60%	45.83%	20.17%	34.90%	105.39%	35.66%
营业总收入(元)	16.50亿	11.45亿	5.47亿	4.29亿	3.65亿	2.48亿
营业总收入同比增长率	44.05%	109.28%	27.65%	17.35%	47.55%	8.92%
每股净资产	5.64	5.78	4.79	7.96	4.75	3.66

图3-10　万孚生物（300482）财务数据

根据财务报表中的数据，获得每个时间点的PEG值。2017年4月17日的PEG值可以根据上年度（即2016年）每股收益计算获得，如表3-4所示。

表3-4　PEG值对照表

时间	2018.12.28	2017.12.29	2017.4.17	2016.12.30
股价（元）	25.41	73.44	91.93	74.24
每股收益（元）	0.92	1.2	0.82（2016）	0.82
市盈率	27.6	61.2	112	90.5
盈利增长率（%）	46	45.3	15.67	15.67
PEG值	0.6	1.35	7.14	5.78

从表3-4中可以看出，该股PEG值的波动范围较大，其实这与该股上市时间较短有关。该股PEG的运行范围处于0.6～7.14之间，其中股价与市盈率均创新高的2017年年中时段，PEG值同样处于最高时段，达到7.14，说明此时股价存在一定的高估。到了2018年年底，PEG值下降到0.6，说明此时该股具有较佳的投资价值。

这里以 2019 年 6 月 26 日为基准计算 PEG 值。2019 年 6 月 26 日该股收盘价为 38.4 元，2018 年年末的每股收益为 0.92 元，盈利增长率为 46%。该股当日的市盈率为 41.74 倍。

PEG 值 =41.74/46≈0.91

2019 年 6 月 26 日的 PEG 值比 2018 年年底的 PEG 值高，但仍低于前两年的 PEG 值，说明该股股价当前仍处于具有投资价值的区域。

接下来还可以对该股未来 PEG 值进行预测。根据该股的历史盈利增长率情况，可以将未来一年的盈利增长率预测值设定在 40% ~ 50%，其市盈率也可能维持在 40 ~ 50 倍。该股 PEG 值很可能在 1 左右，未来一年内，该股还是具有一定投资价值的。

不过，投资者在选择股票时，不能仅用一个标准来判断，还需要参考其他因素。特别是一些盈利增长率浮动较大的个股，更应该从多角度研判其投资价值。

四、市净率分析股票价值

买入某个物品前，大家肯定会先看看这件物品到底值多少钱。没有人愿意花高价买便宜货。同样，投资者在选择股票时，也要选择价值明显被低估、投资价值较高的股票。

市净率是每股股价与每股净资产的比率。市净率可用于股票投资分析，一般来说，市净率较低的股票投资价值较高，相反，则投资价值较低。但在判断投资价值时，还要考虑当时的市场环境以及公司经营情况、盈利能力等因素。

市净率计算公式如下：

市净率 = 每股股价 / 每股净资产

通常情况下，市净率为 1 是一个比较重要的临界点。市净率小于 1，说明股票的股价低于每股净资产。换句话说，如果这家公司按照净资产值出售，那么，你按照股价买入该股肯定会盈利。但是一只股票的市净率低于 1，也说明该股的盈利能力存在不足，并未获得市场认可。这类股票可能在相当长的时间内，涨幅都十分有限。若是暴涨行情来临，这类股票的价格也会跟着水涨船高。市净率大于 1，说明股票价格高于相对应的净资产，股价有一定的溢价。不过，市场上大多数投资者愿意以高于净资产的价格买入股票，说明市场对其价值的认可。

我们很难直接用市净率来筛选股票，投资者若借助炒股软件直接对市净率从低到高排名，就会发现大量银行股、钢铁股、能源股都属于低市净率范畴，如图 3-11 所示。

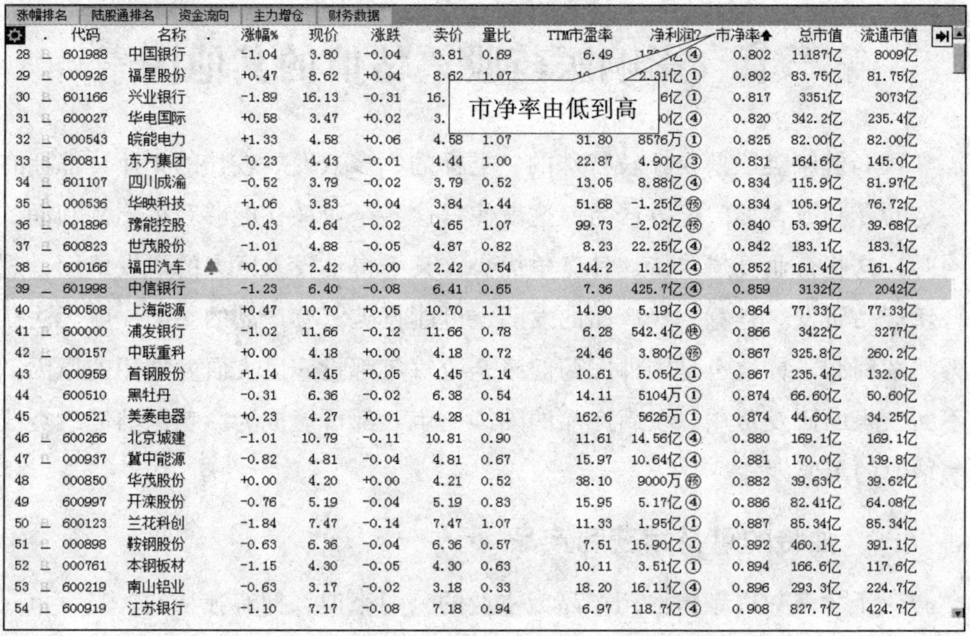

	.	代码	名称	.	涨幅%	现价	涨跌	卖价	量比	TTM市盈率	净利润?	市净率	总市值	流通市值
28		601988	中国银行		-1.04	3.80	-0.04	3.81	0.69	6.49	[illegible]	0.802	11187亿	8009亿
29		000926	福星股份		+0.47	8.62	+0.04	8.62	1.07	[illegible]	2.31亿①	0.802	83.75亿	81.75亿
30		601166	兴业银行		-1.89	16.13	-0.31	[illegible]	[illegible]	[illegible]	[illegible]	0.817	3351亿	3073亿
31		600027	华电国际		+0.58	3.47	+0.02	[illegible]	[illegible]	[illegible]	[illegible]	0.820	342.2亿	235.4亿
32		000543	皖能电力		+1.33	4.58	+0.06	4.58	1.07	31.80	8576万①	0.825	82.00亿	82.00亿
33		600811	东方集团		-0.23	4.43	-0.01	4.44	1.00	22.87	4.90亿③	0.831	164.6亿	145.0亿
34		601107	四川成渝		-0.52	3.79	-0.02	3.79	0.52	13.05	8.88亿④	0.834	115.9亿	81.97亿
35		000536	华映科技		+1.06	3.83	+0.04	3.84	1.44	51.68	-1.25亿㊠	0.834	105.9亿	76.72亿
36		001896	豫能控股		-0.43	4.64	-0.02	4.65	1.07	99.73	-2.02亿㊠	0.840	53.39亿	39.68亿
37		600823	世茂股份		-1.01	4.88	-0.05	4.87	0.82	8.23	22.25亿④	0.842	183.1亿	183.1亿
38		600166	福田汽车		+0.00	2.42	+0.00	2.42	0.54	144.2	1.12亿④	0.852	161.4亿	161.4亿
39		601998	中信银行		-1.23	6.40	-0.08	6.41	0.65	7.36	425.7亿④	0.859	3132亿	2042亿
40		600508	上海能源		+0.47	10.70	+0.05	10.70	1.11	14.90	5.19亿④	0.864	77.33亿	77.33亿
41		600000	浦发银行		-1.02	11.66	-0.12	11.66	0.78	6.28	542.4亿㊋	0.866	3422亿	3277亿
42		000157	中联重科		+0.00	4.18	+0.00	4.18	0.72	24.46	3.80亿㊠	0.867	325.8亿	260.2亿
43		000959	首钢股份		+1.14	4.45	+0.05	4.45	1.14	10.61	5.05亿①	0.867	235.4亿	132.0亿
44		600510	黑牡丹		-0.31	6.36	-0.02	6.38	0.54	14.11	5104万①	0.874	66.60亿	50.60亿
45		000521	美菱电器		+0.23	4.27	+0.01	4.28	0.81	162.6	5626万①	0.874	44.60亿	34.25亿
46		600266	北京城建		-1.01	10.79	-0.11	10.81	0.90	11.61	14.56亿④	0.880	169.1亿	169.1亿
47		000937	冀中能源		-0.82	4.81	-0.04	4.81	0.67	15.97	10.64亿④	0.881	170.0亿	139.8亿
48		000850	华茂股份		+0.00	4.20	+0.00	4.21	0.52	38.10	9000万㊠	0.882	39.63亿	39.62亿
49		600997	开滦股份		-0.76	5.19	-0.04	5.19	0.83	15.95	5.17亿④	0.886	82.41亿	64.08亿
50		600123	兰花科创		-1.84	7.47	-0.14	7.47	1.07	11.33	1.95亿①	0.887	85.34亿	85.34亿
51		000898	鞍钢股份		-0.63	6.36	-0.04	6.36	0.57	7.51	15.90亿①	0.892	460.1亿	391.1亿
52		000761	本钢板材		-1.15	4.30	-0.05	4.30	0.63	10.11	3.51亿①	0.894	166.6亿	117.6亿
53		600219	南山铝业		-0.63	3.17	-0.02	3.18	0.33	18.20	16.11亿④	0.896	293.3亿	224.7亿
54		600919	江苏银行		-1.10	7.17	-0.08	7.18	0.94	6.97	118.7亿④	0.908	827.7亿	424.7亿

图 3-11　市净率由低到高排名（2018.4.25）

从图 3-11 可以看出，截至 2018 年 4 月 25 日，A 股市场上出现了多只市净率低于 1 的股票。不过，这些股票多是一些占用资产较高的银行股、能源股和钢铁股。这些股票的市净率低于 1，有整个股市行情不振的因素，也有自身资产较重、盈利能力不足的原因。若股票市净率较高，一方面可能存在过度炒作的可能，另一方面也说明市场对其未来盈利能力的认可。

市净率可以作为投资者筛选具有投资价值的股票的一个剔除性指标。市场上普遍将 3 倍左右的市净率看成比较健康的比率，市净率太高，比如超过 10 倍，说明股价偏离股票的内在价值较多，未来有回调的可能。投资者在操作时，可从上市公司中剔除那些市净率超过 10 倍的股票。当然，若大盘出现大幅上涨行情时，市净率必然也会水涨船高，这时候市净率的标准也可以设定得高一些。当大盘上涨至较高水平，整个市场的市净率都超过 10 倍时，就不再是进场的最佳时机了。

第三节　影响医药股票估值的其他因素

医药健康类股票是比较特殊的一类标的，多数发展较佳的企业，都拥有一定的专利或者独门配方产品，这就使得这些企业往往能够获得超额利润。同时，这些企业要想维持这种竞争优势，又不得不投入巨大的研发费用，进行新产品研发。毕竟替代产品的发明，可能打破原有产品的垄断，就无法获得超额利润了，这也是国外医药健康企业每年都投入巨大研发费用的原因。不断投入的研发费用以及新产品的陆续上市，都可能成为影响医药健康类股票估值的重要因素。

一、独特的可持续获利产品

对于大多数以销售医药产品为主业的公司来说，拥有独特的、与竞争对手明显不同的可持续获利产品是其最主要的竞争优势，也是影响估值的重要因素。

A 股市场上有很多依赖单品源源不断获利的企业，如云南白药、马应龙。尽管这些企业也生产其他产品，但其主要的利润来源仍是最核心的一种或几种产品。同时，这些产品在可预见的未来被替代的概率很低，因此，这些企业往往能够获得更高的估值。

下面是云南白药的日 K 线走势图，如图 3-12 所示。

云南白药的股价自 2014 年 7 月中旬的低点启动震荡上升行情，到 2018

年年中，股价已经上涨至 116.55 元（除权价格为 120.05 元）。也就是说，该股股价在不到 4 年的时间里上涨近 3 倍。

该股财务数据显示，2017 年该股每股收益为 3.02 元。以每股 3.02 元的收益来计算 2018 年年中时段的市盈率可知，该股的市盈率一度接近 40 倍。

相较于多数医药健康类股票，云南白药无疑是一只比较受欢迎的品种。其受欢迎的原因又与云南白药这一品牌以及独家配方有千丝万缕的联系。投资者相信，云南白药的独家配方还将持续为其赚取较高的回报，因而其估值也一直处于较高位置。

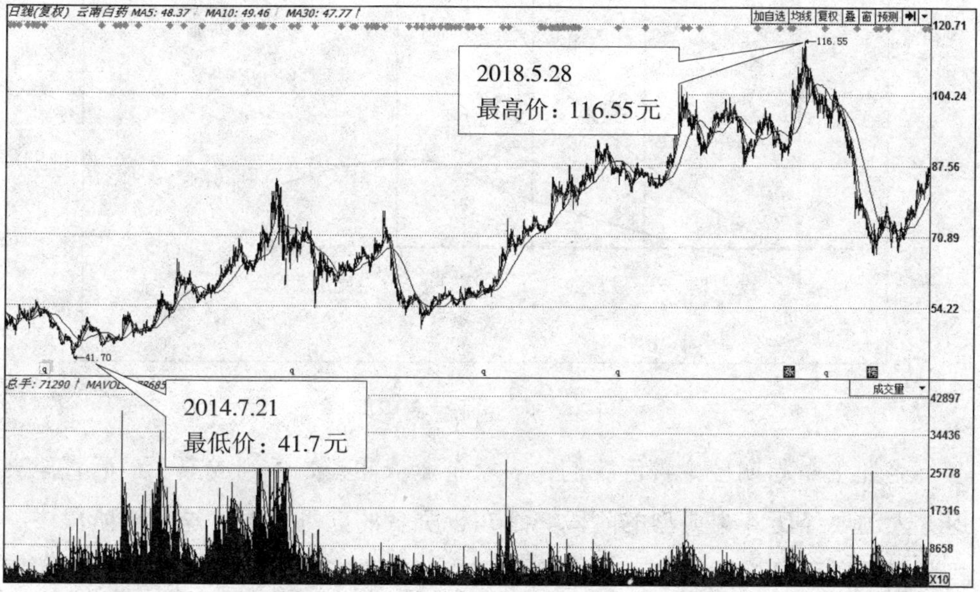

图 3–12　云南白药（000538）日 K 线走势图

从企业立场出发，为了尽可能多地获得品牌溢价，企业可能会借助品牌效应进行多元化经营。这种多元化经营，可以为企业创造更多的利润，但也可能会将主品牌创造的利润稀释掉，甚至让整个企业的净利润出现负数。例如，马应龙药业在 2018 年的净收益水平较 2017 年出现了较大幅度的下降，这种下降并非其主营业务净利润下滑造成的，而是由于其持有的华大基因股票大幅下跌，造成净利润大滑坡。这种净利润的下滑，直接造成了该股股价在 2018 年下半年大幅走低。

二、企业在生命周期中所处位置

企业生命周期理论由美国管理学家伊查克•爱迪思创立，该理论大致勾画了企业运行与发展的轨迹。后人在该理论的基础上，大致绘制了企业发展的生命周期，如图 3-13 所示。

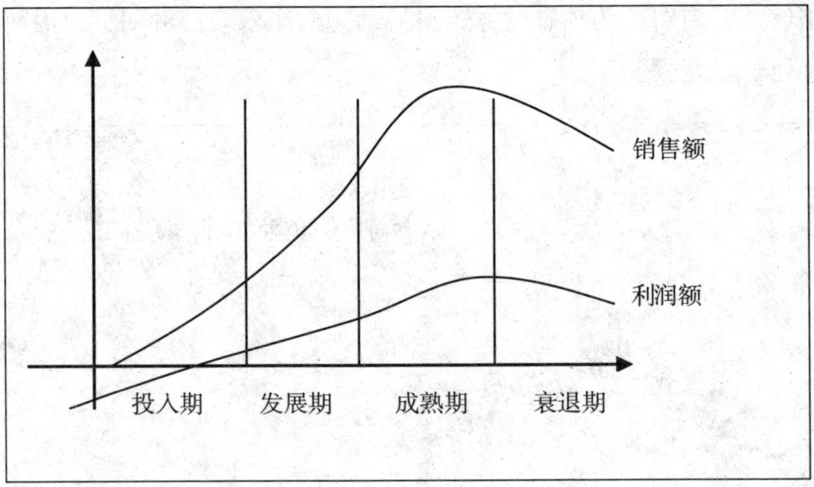

图 3–13　企业生命周期

企业生命周期理论告诉我们：一家企业从零开始，到成熟，最后直至衰退，大约要经历 4 个典型的阶段。站在投资者的立场来看，这 4 个阶段中，投入期是风险最大的阶段，但也可能是获利最为丰厚的阶段。按照目前我国股票市场对上市企业的要求来看，很少有处于投入期的企业能够成功上市，在这一阶段，能够对企业进行投资的多是风投机构。

第二阶段是企业的快速发展期。随着我国股票市场逐渐完善，越来越多处于发展期的企业启动了上市路演，也为投资者提供了绝佳的投资机遇。一些处于发展期的企业在几年内可能会出现营业收入和净利润大幅提升，这无疑会为投资者创造可观的投资收益。正因如此，投资机构在对尚处于发展期的企业股票进行估值时，往往会给予较高的溢价，毕竟这类企业未来发展的空间很大。

第三阶段是企业的成熟期。处于这一阶段的企业，每年都会获得相对稳定且可观的利润，但由于其未来发展空间相对较小，市场对这类股票的估值往往相对保守。

第四阶段是企业的衰退期。处于这一阶段的企业，其营业收入水平和净利润水平相比之前的年度可能会出现较大幅度的下滑，而且在可预见的未来，这种下滑趋势并不会扭转，投资机构很难给出较高的估值。这也是一些上市公司的股票看起来净资产较高，而且盈利水平尚可，但股价很难上涨的原因。

目前，我国的股票市场中，很多医药健康类股票都处于发展期，而且可能距离成熟期还有一段时间，因而医药健康类股票的估值普遍较高，这也与其所处的行业以及我国庞大的消费市场有关。

三、行业内细分领域的地位

总体来说，医药健康类行业属于典型的朝阳产业。随着健康中国战略的深入推进，该行业未来的发展空间仍旧十分广阔。同时，考虑到国内巨大的需求和市场，以及目前国内上市公司的规模与国际医药巨头之间还存在巨大的差距，这都为医药健康类企业的发展提供了空间。

但处于同一细分领域内的企业，其获利能力也会有所不同，对其估值就会存在差异。一般来说，研判一个企业在细分行业内的地位，主要从以下几方面分析。

第一，是否为龙头企业。

某一个细分领域中的龙头企业，往往会比其他企业获得更多的超额利润。若属于唯一具有生产某类产品能力的企业，往往可以获得更多的超额利润，例如云南白药、东阿阿胶、爱尔眼科、乐普医疗。

第二，掌握的核心产品或专利数量。

医药健康行业本身是一个门槛很高的行业。因为门槛的存在，让很多资本实力雄厚的企业望而却步，这个门槛就是核心产品或专利数量。一家企业握有核心产品或专利越多，未来也就具有更大的盈利空间，即使企业当前盈利能力并不突出，但手中掌握的未来可以取得效益的核心产品或专利，也是可以获得较高估值的。这也是很多投资研究机构特别重视医药健康企业在研发方面投入的原因。

一家企业在研发方面投入越多，未来取得技术性突破或专利的可能性就越大，未来的发展潜力也就越大。A股市场上，很多医药健康类企业在研发方面的投入还不尽如人意，大量资金投入到了营销方面。如果没有研发投入做支撑，只靠营销提升营收和利润是难以持续和稳定的。这类高营销投入、低研发投入的企业，也很难获得较高估值。

第四节　选择具有显著竞争优势的企业

具有显著竞争优势的企业，是指那些在过去建立起来的，能够显著与其他同类企业进行区分的某种竞争优势。这种竞争优势必须是其他企业不具备的，也不可能与之比拟的。通常所说的具有特许经营权的企业就是这类企业。拥有这种竞争优势的企业，相当于掌握了非对称打击力量，在与竞争对手的竞争中可以轻松获胜。这种竞争优势可以是某种技术、品牌或某种产品配方等。

关于特许经营权，巴菲特在1991年致股东的信中给出了清晰定义："有市场特许经营权的产品和服务具有以下特质：①它被人们需要或渴求；②被消费者认为找不到其他替代品；③不受价格管控的约束。企业是否存在以上3个特质，可以从企业能否定期且自由地对其产品与服务定价，从而赚取较高的资本回报上看出来。此外，特许事业能够容忍不当的管理。低能的经理人尽管会降低特许事业的获利能力，但不会对其造成致命伤害。"A股市场的云南白药、片仔癀无疑都属于拥有特许经营权的典型。

特许经营权通常情况下都能给企业带来相当丰厚的利润，不过，并不是每个拥有特许经营权的企业的股价都会不断走高，投资者还需要关注以下几点。

第一，特许经营权的可持续期。

有些特许经营权可能会一直存在，而有些特许经营权会有一定的期限。这就如同专利保护期一样，一旦企业持有的特许经营权到期，那么企业的高回报就无法持续。

第二，特许经营权的价值大小。

有些企业的特许经营权所获的收益相对较小，而企业的支出可能很大，这种特许经营权对投资者而言就要大打折扣。例如，很多经营高速公路的上市公司，理论上拥有较佳的特许经营权，但这种特许经营权所获得的收益不得不去支付大量的人工成本（收费员工资）、公路贷款以及公路维护费用等。

第三，内部成本控制水平。

特许经营权可以为企业带来丰厚的回报，但企业利润的形成除了收入项目外，还有成本与支出项目。若企业内部成本控制做得不到位，仍有可能出现手握特许经营权却连年效益不佳的情况。

云南白药集团股份有限公司是一家主要经营化学原料药、化学药制剂、中成药、中药材、生物制品等的公司。该公司的云南白药系列产品，不仅在国内外市场享有广泛的声誉，云南白药的配方更是受到绝对保护。在市场上很难找到云南白药的替代品，而且消费者对其价格的敏感度也不高，即使产品提价，消费者也会购买这一产品，这就使得云南白药系列产品具有了特许经营权的典型特征。

从云南白药的财务报表可以看出，该公司近几年的净资产收益率都维持在 20% 左右，说明该股的成长性良好。该股的日 K 线走势如图 3-14 所示。

云南白药的股价在其上市后一直呈震荡上升态势。该股股价每次创下一个新高后，都会有回调动作，其后再度创出新高，如此往复。该股股价从 2014 年 7 月 14 日的 45.20 元，经过 3 年多的时间上涨至 2018 年 5 月 8 日的 111.01 元，翻了两倍有余。

特许经营权在 A 股市场上主要表现为拥有高技术壁垒、垄断性优势以及强大的品牌优势等。

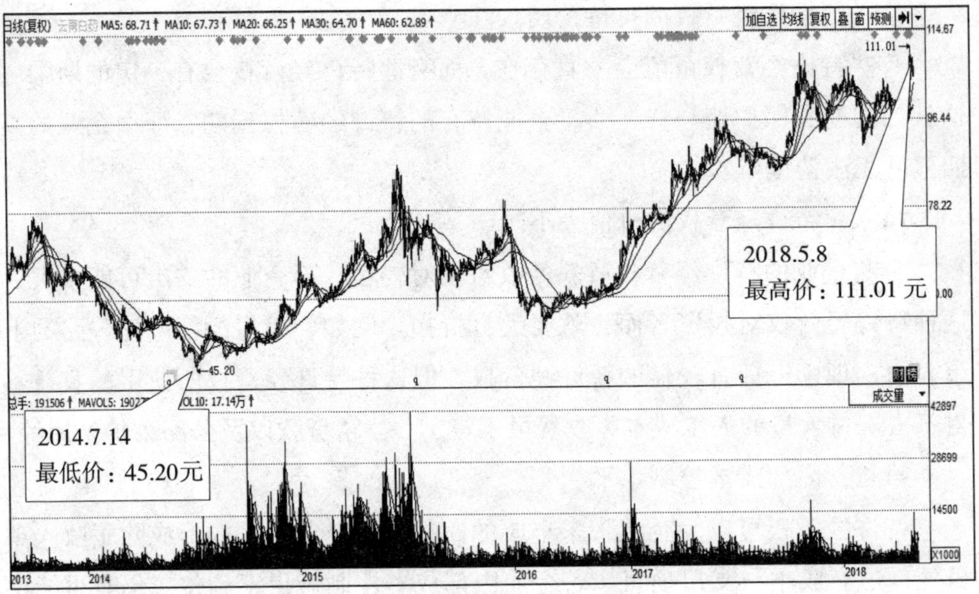

图 3-14 云南白药（000538）日 K 线走势图

一、拥有高技术壁垒

拥有高技术壁垒的企业是指掌握较为尖端的技术的企业，这些尖端技术是其他企业无法掌握或者短期内无法掌握的。

1. 技术壁垒的类别

拥有高技术壁垒的企业包括如下几类。

第一，独家掌握某种核心技术。

企业掌握的技术是其他企业没有掌握或者短期内无法突破的技术，这类企业拥有最强的技术壁垒。在其他企业突破这项技术前，拥有高技术壁垒的企业将会独享这类技术带给自己的巨大收益。

第二，是几家拥有核心技术企业中的一员。这类企业在 A 股市场上比较多，投资者需要识别该企业在这几家企业中的技术实力以及竞争对手、客户应用该技术的情况。若其他企业都属于国外企业，只有这家企业是国内企业，那么，它将很容易独享该技术在国内市场带来的收益。

第三，是众多拥有某项核心技术企业中的一家。对于这类企业而言，高技术壁垒的作用并不明显。企业要想获得更多利益，必须不断扩展市场，与竞争对手周旋，方可赢得市场，赢得客户。这类企业具有的竞争优势只是一种相对优势，并非绝对优势。

2. 识别高技术壁垒的分析要点

第一，壁垒的厚度。

技术之所以能被称为壁垒，是由于不容易被别人攻克。若其他企业很容易就可以攻克这一技术壁垒，那么这个壁垒的意义也就不大了。当然，这里还有一些专利和知识产权保护的因素。企业在构建技术壁垒时，必然依托专利和知识产权保护来加厚壁垒。不过，专利和知识产权保护都是有时间限制的，投资者在分析投资标的掌握的技术专利以及核心技术壁垒时，需要重点考虑这些专利、知识产权发挥作用的时间。

第二，壁垒带来的收益。

并不是所有的壁垒都能给企业带来巨额利润，只有那些经济价值较高的技术壁垒才会为企业赢得竞争，赢得利润。投资者在选择标的股时，还需要识别这些技术壁垒所能带来的收益是在当下，还是预期。若是预期，那么需要多长时间兑现。通常情况下，只有在短期内能够兑现的，才是比较真实的。

第三，技术的可替代性。

没有永远不过时的技术。第四次工业革命启动，许多行业都面临革命性变革。很多在今天看来属于非常前沿的技术，明天就有可能被淘汰，投资者要考虑这些企业掌握的核心技术有无被替代的可能。

药明康德是目前国内规模最大的医药合同研发服务和合同生产服务企业。也就是说，在国内市场上，药明康德是最大的从事 CRO 即创新药生产和研发的企业，也是与国际制药巨头最为接近的 A 股上市公司，瑞辉、强生、罗氏等医药巨头都是药明康德排在前几位的大客户。2018 年药明康德成功登陆 A 股市场，引发资金追捧，短期股价大幅上涨，如图 3-15 所示。

从图 3-15 中可以看出，药明康德的股价自 2018 年 5 月 8 日首发上市后，受到了资金的强力追捧，股价短期内翻了数倍，直至138.87元的高位。此后，股价开始震荡回落。大多数上市后被爆炒的新股都会经历这一过程，这也是价值回归的必然趋势。但鉴于该股拥有较强的技术壁垒，未来股价回归正常后，仍有可能随着效益的不断提升而震荡走高。

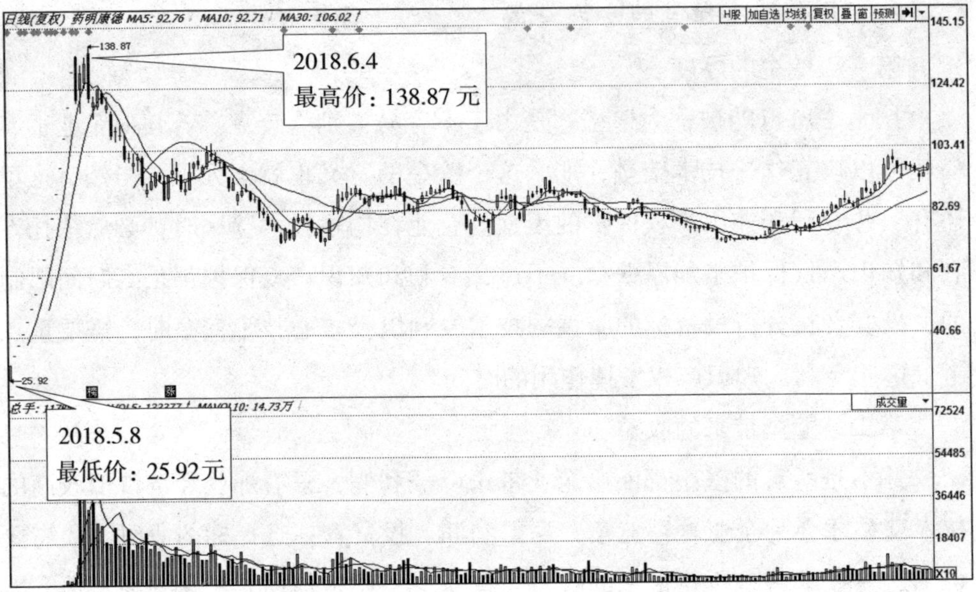

图3–15　药明康德（603259）日K线走势图

二、垄断性优势

垄断性优势有时候会与高技术壁垒、品牌优势重合，是一种绝对的竞争优势。若市场上只有一家企业能够提供给消费者所需的商品，那么，这家企业就拥有了绝对的垄断性优势。

1. 垄断性优势的特征

垄断性优势具有如下几个特征。

第一，作为市场上某种商品的唯一供应商，消费者并没有过多的选择。

第二，消费者愿意为其商品提供相应的价格。

第三，市场上没有较好的替代品。

具有垄断性优势的企业往往具有以上3个特征。这种垄断性优势也会体现在企业的财务报表上，即企业财务利润持续、稳定上升。这类企业往往也会成为市场上各路资金的宠儿。

2. 垄断性优势的分析要点

垄断性优势通常情况下能给企业带来相当可观的利润，但并不是每个拥有垄断性优势的企业，其股价都会不断走高。投资者还需要关注以下几点。

第一，业务多元化程度。

上市公司业务多元化已经是非常普遍的现象。而垄断性企业在涉足其他领域时，往往会显得力有不逮。很多垄断性企业在涉及其他业务时，不仅不会扩大自己的战果，还可能让这部分新增业务蚕食垄断业务的利润。投资者在分析具有垄断性优势企业时，要重点考虑其垄断性业务在企业整个营收体系中所占的比重。

第二，垄断优势的可持续性。

垄断优势持续的时间越长，企业收益越大。不过，从历史经验来说，一家企业拥有的垄断优势都会有个时间限制，如某项技术被其他企业超越或者替代品的出现直接打破了垄断局面等。

第三，内部成本控制水平。

垄断优势也可以为企业带来丰厚的回报，但企业利润的形成除了收入项目外，还有成本与支出项目。若企业内部成本控制做得不到位，仍有可能出现手握垄断优势却连年效益不佳的情况。

长春高新技术产业（集团）股份有限公司是一家以生物医药、健康产业为主，房地产开发为辅的公司。该公司的重组人生长激素系列产品，占据了很大的市场份额，特别是水针剂和长效生长激素直接垄断了市场。生长激素产品的垄断性优势，为该企业带来了巨大利润。

从长春高新的财务报表中可以看出，该公司在近几年内的净资产收益率和营业收入增长率都维持在 20% 左右，说明该股的成长性良好。该股的日 K 线走势如图 3-16 所示。

长春高新的股价在其上市后一直呈震荡上升走势。该股股价每次创下一个新高后，都会有回调动作，其后再度创出新高，如此往复。该股股价从2017年1月16日的103.55元，经过1年多的时间上涨至2018年5月4日的214.90元，股价翻了1倍有余。由此可见，对于投资者来说，选择一只有垄断优势的成长类个股，往往都会有较为丰厚的回报。

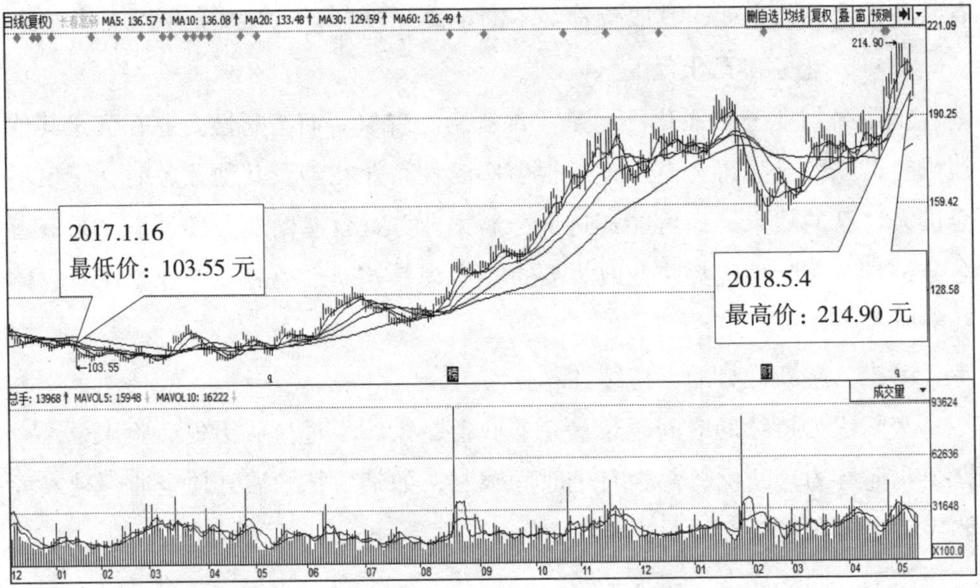

图3-16 长春高新（000661）日K线走势图

三、强大的品牌优势

品牌优势，是企业诸多优势中最重要的一种。强势品牌可以轻松占领消费者的内心。当消费者购买商品时，这些强势品牌理所当然地成为首选。例如，当你想要买高档白酒时，自然会想到贵州茅台、五粮液等品牌；购买家用电器可能会想到海尔、格力等品牌。一家企业若能在某一细分领域建立强大的品牌优势，将会获得丰厚的利润。

1. 品牌优势的类别

拥有品牌优势的企业包括如下几类。

第一，通过历史传承获得的老品牌。

这类品牌都是经过历史检验的，其价值难以估量。这些品牌给企业带来的收益也是无法估算的，例如一些中华老字号品牌同仁堂、云南白药、片仔癀、白云山等。

第二，通过自身努力逐渐建设起来的品牌。

这类品牌随着企业生产产品以及服务质量的提升，逐渐在消费者心目中建立起优势。当然，广告宣传在这里也起到了相当大的作用，例如修正、仁和。这种品牌优势一旦建立，将会很容易地从众多竞争品牌中脱颖而出，成为消费者购买的首选。

2. 品牌优势的分析要点

品牌优势通常情况下都能给企业带来相当大的利润，不过，投资者在根据品牌优势选择标的股时，还要注意以下几点。

第一，品牌强势程度。

只有品牌强势程度高，才能获得更多超额收益。几乎所有的企业都有自己的品牌，而且有些企业的品牌确实存在较高的知名度和美誉度，但这与具有品牌优势的企业存在明显的差别。具有品牌优势的企业，可以单纯地凭借品牌赚钱。也就是说，消费者对该品牌的接受程度非常高。

第二，品牌的维护情况。

具有品牌优势的企业如同一个有着良好信誉的人。一个人的行为举止会为自己的信誉加分或减分。企业也一样，若企业对自己的品牌保护不力，甚至为了短期利益对品牌不加限制地滥用或授权给其他组织使用，可能会削弱品牌价值。投资者在选择企业时，不仅要看一个企业是不是具有品牌优势，还要看其品牌维护与保护情况。

第三，内部成本控制水平。

与具有其他优势的企业相同，具有品牌优势的企业也需要注意企业的内部控制。若企业内部成本控制做得不到位，仍有可能出现手握品牌优势却连年效益不佳的情况。

同仁堂是第一批中华老字号品牌，同时也是医药行业里最具影响力的品牌。该公司旗下的多款中药产品在市场上占据重要地位。该企业自 1997 年上市以来，营收与净利润一直保持稳定增长。该股的日 K 线走势如图 3-17 所示。

同仁堂的股价自 2008 年 11 月初的 2.33 元（复权后价格）启动上涨，到 2015 年 12 月 31 日到达了 43.98 元的高位，股价翻了近 20 倍。股价的大幅上升，反映出了市场对其品牌的认可程度。

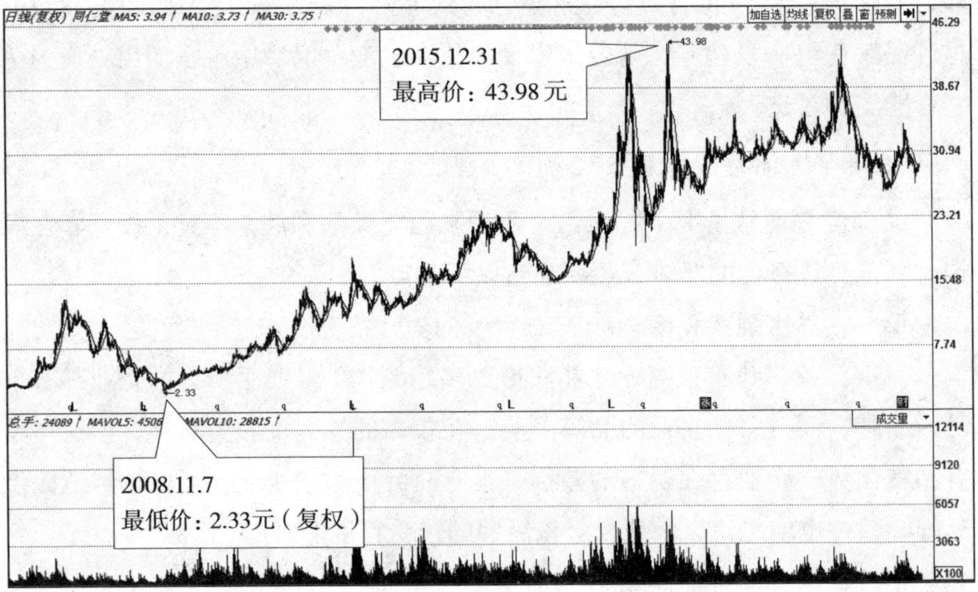

图 3–17　同仁堂（600085）日 K 线走势图

第四章

药物研发与生产企业投资研究

目前，在药物研发领域，国内制药企业鲜有真正涉及原研药研发的，更多的企业停留在仿制药研发阶段。对于投资者而言，仿制药研发企业的获利能力未必一定弱于原研药研发企业，从众多仿制药企业中找出那些最具特色的，能够与其他仿制药企业相区别的企业，是选择目标股的关键。

第一节　原研药企业投资逻辑

随着国内制药企业规模的不断扩大，在研发方面的投入也必定逐渐增加，未来肯定会有涉足该类药品研发的企业。站在投资者的立场，需要了解原研药的一些情况以及仿制药与原研药的区别。

一、原研药行业竞争分析

原研药企业的获利模式非常清晰明了，即通过在研发环节投入大量资金，并通过长期实验研发出首创新药。这些新药是在全新的药理机制引导下研发的全新的活性分子或化合物，又称新一代药物。新药研发过程以及临床试验和审核过程需要十几年的时间，因而，当这些新药成功上市后，都会有一定的市场独占期。在这一独占期内，其他企业不能跟进或仿制该新药。这些新药的价格普遍非常高，原研药企业就是利用这一时间段收回新药研发投入的资金，或积累未来新药研发的资金。

对于原研药企业来说，影响其获利的因素包括两类：其一，内部研发成本；其二，外部专利保护环境。

1. 内部研发成本

前面介绍过，国内制药企业从事原研药研究与开发的较少，究其原因，主要在于原研药研发成本非常高昂，而且还伴有研发失败的风险。单一品种的原研药研发成本少则几亿美元，多则几十亿美元，这几乎比国内大型制药企业一年的营收还要高，短期内制药企业根本无力承担这么高的成本。同时，原研药的研发周期特别长。一般情况下，一种新药从被发现，到最终审批上市，大概要经过如图 4-1 所示的几个步骤。

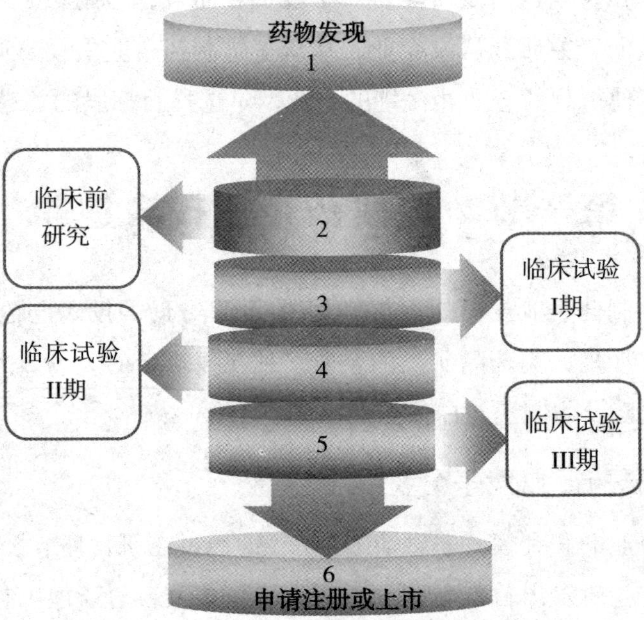

图 4–1　新药从发现到上市所需步骤

在新药从发现到上市的 6 个阶段中，每一阶段都可能将之前的研究成果终结。一般情况下，制药企业在发布新药研究进程计划时，都属于新药研究进入临床试验阶段后的计划。即便如此，从新药进入临床试验到最后上市，也仅有 10% 的新药能够走完全程，90% 左右的新药在临床到审批阶段宣告失败。这就意味着，之前研究付出的金钱和时间全部付之东流。进入临床阶段之前，原研药企业投入的时间和精力也很多，需要研究的对象更多。总之，原研药的研发伴随着巨大的失败风险。从这一点上看，消费者也应该理解原研药企业在新药上市后为什么往往采取高定价策略。

2. 外部专利保护环境

政府对于原研药的专利保护制度不仅决定了原研药研发企业的获利情况，也会影响仿制药企业是否跟进、何时跟进的问题。

目前，各国的法律对原研药保护力度不一，但总体上保护力度还是很大的。美国根据原研药类别的不同，分别设置了不同的保护期，最长可达 14 年。我国的原研药作为一种发明专利受到专利法的保护，具有独创性的原研药保护期长达 20 年。

单从专利保护期上看，我国的专利保护期时间更长（20 年），但是我国没有针对原研药的法律法规，美国针对原研药的保护机制中不只有专利保护期的时间，还有一个药品研发的补偿期。也就是说，专利保护期是从申请通过开始计算的，这时原研药的研发刚刚启动，后续可能还有十几年的时间才能成功上市。若没有对之前研发的补偿期，即使有 20 年的专利保护期，若从药品成功上市之日算起，也没有几年时间。从这一点来看，我国的专利保护制度还有进一步完善的空间。

只有原研药的专利保护过期后，仿制药生产企业才能根据原研药的主要成分、研究方法以及靶点研究生产仿制药。

二、原研药企业基本投资逻辑

近年来，随着国家政策向原研药方面倾斜，越来越多的医药企业开始投入原研药的研发，未来也许会涌现出很多原研药研发企业。不过，这里需要投资者注意以下几点。

第一，并不是所有的原研药都能获得较佳的经济效益。

目前，有些企业进行的所谓创新药或原研药研发，并非真正意义上的原研药研发，大部分企业都是按照国外医药研发企业划定的靶点进行攻关和新药研发。由于同一靶点集中了很多企业，即使大家都各自研发出了新药，但市场容量有限，同一疗效的产品太多，市场效益未必会很好。因此，只有具有独立知识产权的首创新药才能赢得足够的市场空间，这也是投资者在医药市场上需要寻找的标的。

第二，寻找那些尚未有最佳解决方案领域内的原研药。

例如，癌症、艾滋病等领域或者能够根治慢性病的原研药品种。随着原研药研发数量的增加，一些相对容易攻克的领域越来越少，未来真正意义上的原研药将会越来越少。

第三，原研药企业的估值。

通常情况下，相对于其他领域，医药健康领域的上市公司获得的估值普遍较高，这与该行业的获利能力较强且稳定有关。不过，相对于普通的医药企业而言，原研药企业的估值可能会更高。新的产品上市后，由于会享受独家的垄断利润，这为企业的估值提供了广阔的想象空间。

第四，企业间的关联。

有一些企业由于与国外原研药研发企业具有特殊关系，使得这些企业也能分享一部分原研药产品带来的利润，这也可以成为投资者选择的对象。

三、原研药企业——前沿生物

前沿生物是一家成立于 2002 年的创新性生物制药企业。目前，专注于艾滋病抗病毒治疗和疼痛等重要治疗领域创新药物的研发和推广。历经十几年的磨砺和积累，前沿生物已拥有全球知识产权的长效多肽药物研发平台和多个在研产品。

截至 2017 年 1 月，前沿生物完成了 C 轮 3 亿元的融资，领投机构包括深创投、华新世纪以及倚锋创投等。截至 2018 年，前沿生物仍处于投入期，企业并未开始盈利。2018 年 6 月，前沿生物历经十几年攻关研发的抗艾滋病新药获批准上市。该药是中国第一个原创抗艾新药，拥有全球知识产权。2018 年 8 月 14 日，该药获得美国医药监督管理局批准，直接进入临床Ⅱ期试验，标志着该药进入国际市场迈出了重要一步。

与此同时，前沿生物的另一种新药正处于美国Ⅱ期临床研究阶段，研发进度国际领先。

前沿生物将两种新药组合，拥有全新配方。2019 年 5 月 15 日，该组合正式获得国家药品监督管理局的批准，直接进入临床 II 期试验。

新药正式投放市场后，将会在很大程度上改善前沿生物的现金流情况。不过，由于我国专利保护期为申请之日（2002 年）起至 20 年，这就意味着，即使该药 2018 年下半年才被批准上市，但专利有效期在 2022 年将会到期。在这短短 4 年多的时间里，企业很难将投入的资金收回，因此，企业考虑向国家有关部门申请延长专利保护期，以便于企业收回投资资金。

前沿生物公司手中握有重量级原研药，未来发展空间广阔。该公司收到美国纳斯达克交易所邀请上市的邀约，我国香港证券交易所也发出了邀约，未来前沿生物也可能登陆科创板。

前沿生物还未正式完成 IPO 上市，投资者还无法购买该公司的股票。同时，该公司详尽的财务报告并未披露。不过，笔者相信，该公司上市的日期应该不远，这家公司上市后，肯定会受到众多资金的追捧，高估值（50 倍以上的估值将成为可能）、高股价可以期待。

四、借力原研药企业——华东医药

华东医药的运营模式与前沿生物不同，并非严格意义上的原研药生产企业，而是借助与国外原研药企业的合作，获得原研药企业的知识产权许可，然后再进行临床研究，直至新药上市。

2019 年 5 月，公司全资子公司中美华东收到国家药监局核准签发的某产品的《临床试验通知书》，将开展临床试验。该产品是美国 vTvTherapeutics LLC（以下简称“vTv 公司”）全球首创，在美国已完成 IIb 期临床研究。中美华东于 2017 年 12 月与 vTv 公司签署许可协议，获得该产品在中国、韩国、澳大利亚等 16 个国家和地区的知识产权和商业化权利的独家许可。该项目引进两个月后，公司实现了产品重现，达到美国样品标准。（资料来源：

同花顺软件平台）

在此之前，华东医药于2017年6月获得了利拉普肽国内首家临床批文，目前已经开始临床研究，且该品种已经进入国家基本医疗保险目录。

鉴于华东医药所获得专利授权的排他性，有理由相信，在未来数年内，华东医药的业绩会受益于此次合作，并取得较大幅度的增长。

1. 基本产品线与盈利构成

华东医药是通过医药生产和医药商业双轮驱动的。该公司医药经营方面占整个营收的比重也比较大。华东医药的产品销售与利润占比情况如表4-1所示。

表4-1　华东医药产品及收入构成（2018年度）

业务名称		营业收入（元）	收入比例	营业成本（元）	成本比例	利润比例	毛利率
按行业	商业	223.49亿	72.89%	206.79亿	94.97%	18.79%	7.47%
	制造业	82.38亿	26.87%	10.76亿	4.94%	80.57%	86.94%
	国际医美业务	7 601.99万	0.25%	1 952.96万	0.09%	0.64%	74.31%
按地区	国内	305.41亿	99.60%	217.22亿	99.76%	99.21%	28.88%
	国外	1.22亿	0.40%	5 242.60万	0.24%	0.79%	57.11%

从表4-1中可以看出，华东医药整个产品线的盈利点在医药产品的生产方面，这类产品的营收占公司总营收的比例仅为26.87%，却贡献了86.94%的利润。医药商业的利润比例相对较低，说明华东医药获得国外授权许可所生产的药品仍是该公司的主要盈利点，也是该公司核心的竞争优势所在。

2. 华东医药财务数据

华东医药之前几年的财务与收益数据情况如表4-2所示。

从华东医药的财务数据来看，可以获得以下几个事实。

第一，华东医药在过去的几年内一直保持较快速的增长态势，且长期保持在30%左右，最低增速也有23%。2015年和2016年增速较高，2017年和2018年有所回落。

表 4-2　华东医药财务数据

时间	2018	2017	2016	2015	2014
每股收益（元）	1.55	1.83	3.00	2.53	1.74
净利润增长率	27.4%	23%	31.88%	44.97%	31.6%
营业总收入（亿元）	306.63	278.32	253.8	217.27	189.47
每股净资产（元）	6.82	18.12	14.97	6.84	5.22
净资产收益率	24.87%	23.02%	22.19%	42. 98%	30.34%

注：2016 年、2017 年、2018 年具有配股、增股情况。2016 年有一次增发融资情况。

第二，结合前面的分析可知，2017 年和 2018 年属于华东医药比较关键的时间点。这两年先后获得了两款重量级产品的授权，只是这两种产品尚未给公司带来实质性的盈利。不过可以预见，在未来几年内，这两款产品可能会给企业带来较为丰厚的回报，净利润增长率重回 30% 甚至 40% 以上都有可能。

第三，该股近年来净资产收益率维持在 20% 以上的水平，属于盈利能力较佳的投资标的。

3. 华东医药整体分析

从华东医药的财务报表还可以发现，华东医药 2018 年年底的净资产负债率为 45% 左右，属于一个可接受的范围。在资产负债表中还有 14.58 亿元的商誉，考虑该股每年的净利润超过 22 亿元，这些商誉仍处于可接受范围。同时，该商誉也是 2018 年因华东医药收购 Sinclair Pharma plc 所形成的溢价。截至 2018 年年底，该企业手中的现金资产为 24.43 亿元，综合其 300 亿元左右的营收，现金储备属于一般水平。

总之，该股资产质量尚可，比市场上大多数股票的质量高。

4. 华东医药估值分析

若以 2018 年年底每股收益 1.55 元为基准，并以 30% 的净利润增长率计算，2019 年的每股收益为 2.02 元，2020 年的每股收益为 2.62 元。若以医药行业 30 倍左右的市盈率计算（若该企业属于真正意义上的原研药企业，其估值将会更高），该股 2019 年的合理估值应该在 60.6 元左右，即使打个折扣，华东医药的股价在 30 元左右，也说明该股具有较佳的投资价值。华东医药的股价走势情况如图 4-2 所示。

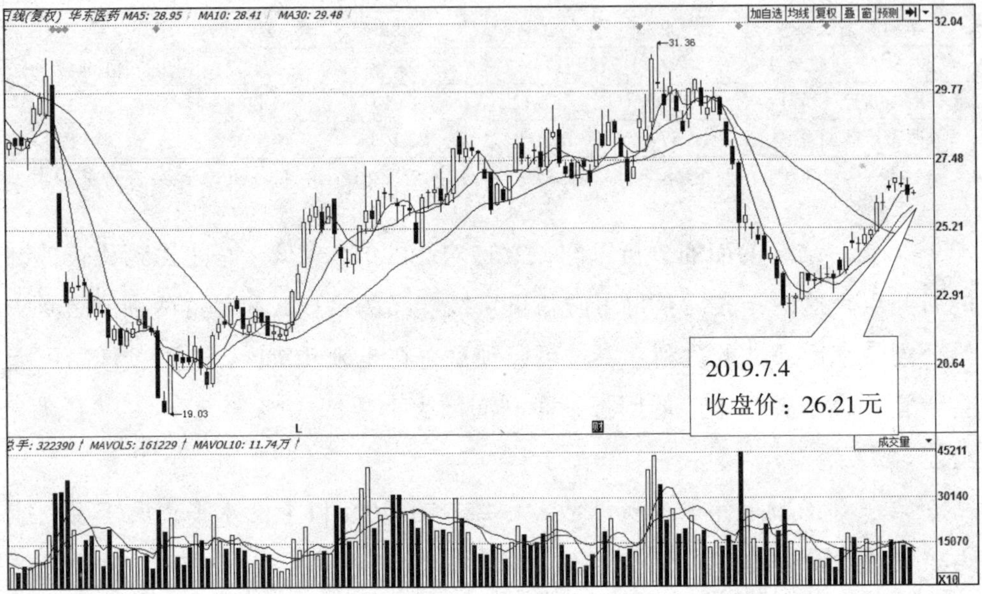

图 4–2　华东医药（000963）日 K 线走势图

华东医药的股价在2019年上半年随着大盘的震荡出现了横向震荡走势。由于医药体系改革和带量采购等政策的实施，使得医药股股价受到了一定程度的冲击，很多绩优股出现了大幅走低态势。华东医药作为医药股中的代表，也随着医药股的走低出现了下跌走势。但基于之前对该股的分析可知，该股合理的估值范围应该在 30 ~ 60 元之间。未来数年内，该股业绩仍可能保持稳定增长态势，甚至可能加速上升，股价也会随之走高。当前的价格仍位于被低估的区间，未来有上升潜力。

第二节　仿制药企业投资逻辑

在 A 股市场上，一些做创新药研发的企业主要是仿制药生产企业。提起仿制药，大家也不要有抵触心理，并不是所有仿制药都没有原研药的效果好。

仿制药只是相对原研药而言，并非指疗效。生产仿制药的企业，也并非一定比原研药企业的效益差。相反，以目前国内医药企业的规模和效益水平来看，将仿制药做精、做出水平才是最佳选择。

一、仿制药行业竞争分析

仿制药需要很高的技术含量，并非简单地复制。由于原创新药可供攻克的创新领域越来越少，仿制药市场也越来越受到全球制药巨头的重视。不过，从全球仿制药市场来看，我国的仿制药企业无论规模还是质量都要落后于西方发达国家，甚至比同为发展中国家的印度还要落后。鉴于原研药开发的难度和门槛较高，仿制药企业可能会迎来难得的发展良机。

1. 创新药的三个类别

尽管很多制药企业都在宣传自身为创新药研发企业，但这个创新药不能等同于原研药，大多数创新药都属于仿制药范畴。国际上根据创新程度的不同，将新药大致分为 3 类。

第一类，First in Class（原研药）。

该类药物指的是医药公司基于最新疾病学研究的重要突破，找到一些候选靶点，从无到有逐步合成候选化合物，通过反复试验筛选，最终发现既满足治疗效果又满足人体安全性（耐受程度、药代动力）要求的药物。这类药物被称为第一代药物，是完全拥有自主知识产权的新药。前面讲述的原研药就是这一类。

第二类，Me-better（仿制创新）。

该类药物在第一代药物的新分子实体结构基础上，通过各种手段进行结构修饰优化，实现二次创新。尽管这类药物强调在第一代药物基础上进行了必要的创新，但归根结底还是在第一代药物基础上所做的改进，仍然属于仿制创新范畴，还应归于仿制药范畴。

第三类，Me-too（仿制药）。

在第一代药物的药理机制和靶点基础上，通过简单修饰得到的与第一代药物疗效相似的药物。这类药物属于典型的仿制药范畴。

原研药少之又少，大部分企业生产的新药都属于第二类和第三类仿制药。

2. 仿制药与原研药的区别

在研究仿制药企业的获利模式前，先来了解一下仿制药与原研药的区别。

第一，研发过程不同。

原研药的研发过程前面已经介绍过，需要经过10余年时间才有研发成功的可能。仿制药则不同，仿制药企业可以通过原研药企业的一些研发资料和数据，对其成分进行小幅修改，进行生物等效性研究，确保与原研药具有大致相同的疗效，一般不需要临床试验。仿制药的研发通常经过3到5年即可上市。但是即使完成了生物等效性研究，也不意味着这些仿制药与原研药具有相同的疗效，毕竟成分有所不同，而且工艺可能也存在差别，这都可能导致最终的疗效不同或者出现不同的副作用。

第二，质量有差别。

由于仿制药的成分、工艺以及包装不可能与原研药完全一致，这可能导致仿制药的疗效相比原研药有较大幅度的下降。消费者在购买仿制药时，虽然知晓仿制药并不等同于原研药，其质量可能有所下降，但是具体有多大的差距，还要看仿制药生产企业的实力和水平。有些仿制药生产企业的研发实力较强，生产的仿制药可以与原研药基本等效，甚至在某些方面能够胜出。中国的仿制药生产水平整体还比较低，与世界上较大的仿制药生产巨头之间存在较大的差距。

第三，价格不同。

价格是仿制药与原研药相比最大的优势所在，一般仿制药比原研药便宜很多。

3. 仿制药企业的基本获利模式

对于仿制药企业来说，影响其获利能力的因素包括两类。

（1）药品竞争能力。

仿制药并非原研药，并不是市场中唯一的选择，有时还会有诸多同类竞品，这就使得仿制药生产企业面临较为激烈的竞争。通常情况下，仿制药企业要想提升药品竞争力，必须从以下几方面入手。

第一，速度就是效益。只有率先上市的仿制药，才能收割尽可能多的利润，同时也更容易让消费者熟知。通常情况下，原研药的保护期一过，仿制药就可以上市销售了，这就意味着谁能第一时间上市，谁就可以收割尽可能多的利润。

第二，差异化竞争。虽然仿制药要与原研药基本成分和疗效一致，但还是可以在原研药基础上进行创新，创新方向与效果都可能构成与其他同类仿制药的区别。

第三，仿制药的质量。目前，在同一靶点聚集了大量的仿制药研发企业，不仅使得大家的获利空间被压缩，而且质量参差不齐，最终的赢家一定是仿制药质量较佳的企业。

（2）外部专利保护以及仿制药审核制度。

仿制药是在原研药基础上进一步研究开发形成的，因而相关法律法规对原研药保护期的设置以及仿制药审核流程，对仿制药的盈利有重要的影响。若相关法律法规偏向于原研药保护，则仿制药企业的获利能力就会削弱，甚至减少对仿制药研发的投入力度；反之，则可能增强对仿制药研发的投入。近年来，我国通过各项政策促进仿制药的研究与开发，使得仿制药企业迎来千载难逢的发展机会。

仿制药的审核制度也对仿制药企业的获利能力有重要影响。目前，仿制药的研发所需时间相对较短，一般不需要临床测试，只需通过一致性评价即可，这就为仿制药的上市赢得了宝贵的时间。

很多仿制药企业已经从简单的仿制阶段过渡到创新仿制阶段，其中恒瑞医药和复星医药就属于典型的代表企业。在中国仿制药市场上，每年能够投入 10 亿多元用于新药研发的也只有这两家企业。不过，相对于这两家企业每年几百亿元的营业收入而言，研发投入所占比例仍低于国际医药巨头。

二、仿制药企业基本投资逻辑

目前，A 股市场上从事仿制药研发的企业众多。站在投资者的立场上，找到适合投资的仿制药标的才是最佳选择。选择仿制药企业时，需要注意考量几个维度。

1. 仿制药一致性评价

仿制药一致性评价是对已经上市的仿制药，按与原研药品质和疗效一致的原则，分期分批进行质量一致性评价，即仿制药需在品质与疗效上达到与原研药一致的水平。从某种意义上来说，仿制药一致性评价就是对历史的一次补课。

仿制药一致性评价政策于 2016 年 5 月出台，各大仿制药生产企业已经陆续开始仿制药一致性评价工作。按照该政策的要求，2017 年 10 月 1 日之前上市的仿制药，全部要进行一致性评价，且同一品种药品自第一家企业通过一致性评价 3 年后，终止该类药品的一致性评价。也就是说，生产同一品种药品的企业中，若有一家已经通过了一致性评价，其他企业必须在 3 年内完成一致性评价，否则将自动退出市场。一致性评价政策对于规范仿制药市场，提升仿制药质量具有重要意义。

选择仿制药企业的第一个指标就是该企业的核心产品是否通过了一致性评价。例如，恒瑞医药等几十家仿制药生产企业都有相关药品通过了一致性评价。

2. 首仿药

同样是生产仿制药的企业，获利情况有所不同。在众多仿制药中，首仿药是一个应该被特殊对待的药品。

我国将首仿药定义为：国内首先仿制生产并上市销售的仿制类药品。这里有两层含义：首先，这是一种仿制药，即必须等原研药过了专利保护期后才能上市销售的药品；其次，国内第一款上市销售的仿制药。首仿药有着与其他仿制药不同的地位。2010 年发布的《药品价格管理办法（征求意见稿）》规定：在专利保护药品保护期结束后，自国内第一家企业生产的仿制药品上市起 5 年内，前 3 个仿制药品的政府指导价，以被仿制药品政府指导价为基础，依次递减 10% 制定。被仿制药品在国内没有上市销售的，以第一个仿制药品的定价成本为基础制定政府指导价，第2、3个仿制药品的政府指导价，以此为基础依次递减10%。

也就是说，首仿药的价格在一定时间内是被允许高于其他仿制药品的，这就让首仿药生产企业在一定时间内享受了超额利润。

首仿药生产企业中比较著名的包括正大天晴、恒瑞医药、豪森药业、石药集团等，这几家医药企业同时也是仿制药生产能力较强的企业。

3. 具有明显差异的仿制药

目前，我国仿制药研发存在扎堆现象，即在相同的靶点有多家企业跟进研发。这样一方面会造成研发资源的浪费，另一方面，由于同质化严重，即使仿制药上市后，也会面临较为激烈的竞争，最后导致企业效益下滑。

正因如此，投资者在分析仿制药企业时，需要重点关注两个方面：其一，仿制药企业能否针对相同的靶点寻找差异化的解决路径，做出更具特色的仿制药；其二，创新高端制剂，也是冲出仿制药红海的一种选择。仿制药企业若能研发出更具创新性的高端制剂，无疑可以提升自身的竞争力。在高端制剂领域，广州新济药业也是一家值得关注的企业。

三、首仿药企业——正大天晴

正大天晴是目前首仿药领域中比较典型的一家公司。正大天晴药业集团是集科研、生产和销售为一体的创新型医药企业，是国内知名的肝病、抗肿瘤药物研发和生产基地，国家重点高新技术企业。同时，正大天晴还是为数不多的能够每年投入10亿元以上用于研发的非上市企业，年研发投入10亿元以上的恒瑞医药和复星医药属于上市公司。这种研发费用的投入，为正大天晴带来了较为丰厚的回报。

正大天晴拥有抗肿瘤、肝病、呼吸、感染、内分泌和心脑血管6大产品集群，18个年销售过亿元的产品形成了“亿元产品群”，其中年销售额过20亿元的产品有2个。

在抗肿瘤领域，正大天晴已经形成独特的产品线，多个血液肿瘤产品为国内首仿，实体瘤产品上市；呼吸、抗生素等领域也是企业未来发展的重点方向；生物药方面的产品进入III期临床研究。（资料来源：正大天晴企业网站）

由于正大天晴手中握有几个重磅品种的首仿药，使得其未来的盈利具有较强的持续性，特别是某抗肿瘤药物的上市，更可增加每年的盈利数额。加之每年巨额的研发投入，可以保障企业可持续发展。

目前，正大天晴的母公司中国生物制药在香港交易所上市，股票代码为01177。由于几大重磅首仿药的上市，正大天晴的母公司中国生物制药的业绩也迎来新一波上涨。若以后正大天晴能够在A股上市，则无疑是一个很好的投资标的。

四、仿制药集大成者——恒瑞医药

目前，在国内制药市场上能够称得上医药巨头的企业，当属恒瑞医药。恒瑞医药的产品体系非常完整，而且通过一致性评价和申请一致性评价的仿制药品种非常多。恒瑞医药2018年的研发费用达到26.7亿元，已经将国内其他竞争对手远远地甩在了身后。

目前，恒瑞医药在研产品管线非常多，其中1.1类新药3个，3类仿制药15个，生物类似物5个，涉及领域包括抗肿瘤、糖尿病、抗凝血、抗感染等多个类别。这些新药全部上市销售后，恒瑞医药的营收和利润还将进一步放大。

有重点新药已开展临床试验，主要用于非小细胞肺癌的治疗；百令胶囊为国家中药类新药，是公司独家品种，已获得生产批件；获得美国VI Therapeutics LLO就其研发的用于治疗II型糖尿病的全球首创药物TP273在中国、韩国等16个国家和地区的知识产权和商业化权利的独家许可；其他在研品种包括治疗II型糖尿病的卡格列净及片、曲格列汀及片，治疗白血病的伊马替尼片等。（资料来源：同花顺软件平台）

1. 基本产品线与盈利构成

恒瑞医药作为仿制药的领军企业，其收入主要来自各类仿制药和创新药。恒瑞医药的产品销售与利润占比情况如表4-3所示。

表 4–3 恒瑞医药的产品及收入构成（2018 年度）

业务名称		营业收入（元）	收入比例	营业成本（元）	成本比例	利润比例	毛利率
按行业	医药制造业	174.02 亿	100.00%	23.32 亿	100.00%	100.00%	86.60%
按产品	针剂药	122.48 亿	70.38%	17.41 亿	74.68%	69.72%	85.78%
	片剂药	50.12 亿	28.80%	4.93 亿	21.13%	29.99%	90.17%
	原料药	1.42 亿	0.81%	9 759.39 万	4.19%	0.29%	31.12%
按地区	国内	167.51 亿	96.26%	21.69 亿	93.04%	96.76%	87.05%
	国外	6.51 亿	3.74%	1.62 亿	6.96%	3.24%	75.07%

从表 4-3 中可以看出，恒瑞医药的整个收入非常简单、清晰，都是围绕医药研发展开的，其中针剂药的占比较高，约占收入的 70% 左右；片剂类产品的毛利率高达 90% 以上。从表中可见，该公司产品的毛利率都较高，说明该公司的整体盈利能力较强，未来发展空间也非常大。

2. 恒瑞医药财务数据

恒瑞医药前几年的财务与收益数据情况如表 4-4 所示。

表 4–4 恒瑞医药财务数据

时间	2018	2017	2016	2015	2014
每股收益（元）	1.10	1.13	1.10	1.11	1.01
净利润增长率	26.39%	24.25%	19.22%	43.28%	22.41%
营业总收入（亿元）	174.18	138.36	110.94	93.16	74.52
每股净资产（元）	5.35	5.43	5.28	5.08	5.27
净资产收益率	23.6%	23.28%	23.24%	24.37%	21.28%

注：2015 年、2016 年、2017 年、2018 年具有配股、增股情况。

从恒瑞医药的财务数据情况来看，可以获得以下几个事实。

第一，恒瑞医药在过去几年内一直保持了较为快速的增长态势，且长期保持在 20% 以上，最低增速也有 22.41%。其中 2015 年增速较快，2017 年和 2018 年有所回落。

第二，近几年来，由于恒瑞医药开启了国际化路线，先后在美国、日本申请专利和商业化，说明近几年是恒瑞医药的整固期，未来几年该股的营收和净利润可能会迎来快速增长。

第三，从该股的净资产收益率水平看，该股的净资产收益率一直维持在20% 以上，属于较佳的收益水平。

3. 恒瑞医药整体分析

从恒瑞医药的研发投入情况可以看出，2018 年的研发费用高达 26.7 亿元，占营业收入的比例超过 15%，这在我国医药研发企业中是一个相当高的数据，这也保证了该企业未来数年的竞争能力。与此同时，查看恒瑞医药的财务报表可以发现，恒瑞医药 2018 年年底的净资产负债率仅为 11.46%，而且在资产负债表中没有计提任何商誉，说明恒瑞医药的资产质量较高，属于较佳的投资标的。恒瑞医药还是现金资产充裕的企业，这都符合优秀投资标的的条件。

4. 恒瑞医药估值

若以 2018 年年底每股收益 1.1 元（分红配股后为 0.92 元）为基准，并以 30% 的净利润增长率计算，2019 年的每股收益为 1.2 元；2020 年的每股收益为 1.56 元。那么，若以医药行业 30 倍左右的市盈率计算，该股 2019 年的合理估值应该在 36 元左右。即使按照 50 倍市盈率乐观估计，也不宜超过 60 元。恒瑞医药的股价走势如图 4-3 所示。

恒瑞医药的股价在2019年上半年随着大盘的震荡出现了横向震荡走势。由于医药体系改革和带量采购等政策的实施，使得医药股股价受到了一定程度的冲击，很多绩优股出现了大幅走低态势。恒瑞医药作为市场上典型的绩优股和白马股，获得了较多资金的青睐，使得该股股价一直保持在高位运行，2019 年 7 月 5 日，该股收盘价为 67.4 元。

从前面的分析可知，按照 2019 年每股净收益 1.2 元计算，该股股价的合理范围应该在 36 元左右。即使按照 50 倍市盈率计算，也不宜超过 60 元。但该股股价 2019 年年中就超过了 60 元，一方面说明市场资金对该股的追捧，另一方面也说明该股股价可能存在一定程度的高估。投资者可以在股价出现回调时择机入场。

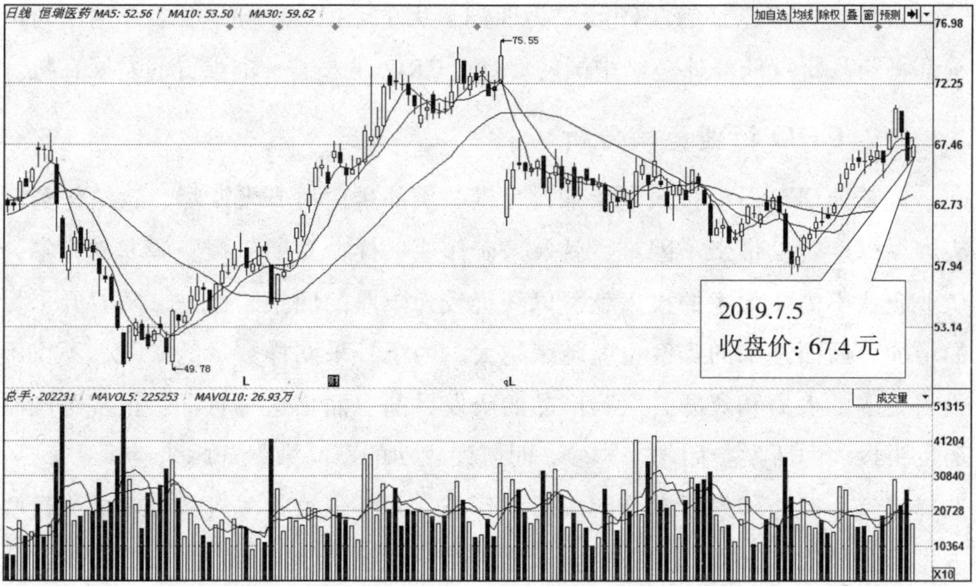

图 4-3　恒瑞医药（600276）日 K 线走势图

研究大牛股的运行路径时，可以发现一个规律：很多大牛股都是在初期存在高估的情况下震荡上扬的，其后随着盈利能力不断兑现，所谓的高估也就不存在了。

第三节　CRO 企业投资逻辑

在医药研发企业中，有一类特殊的企业，即 CRO（Contract Research Organization，医药合同研发外包机构）。CRO 承担的工作主要包括临床试验方案和病例报告表的设计和咨询、临床试验监查工作、数据管理、统计分析以及统计分析报告的撰写等，是一种专业要求极高的外包服务。

用通俗的话讲，CRO 就是替一些医药研发企业进行研发设计、临床试验以及数据报表和报告编写等工作。对于医药研发企业来说，如果整个研发环节全部由自身完成，需要投入的人力和时间较多，将其中的若干环节外包给 CRO，则可以节省很多人力成本。

目前，中国已经超越印度成为亚洲最大的 CRO 市场，很多跨国制药巨头都将药品研发任务外包给中国的 CRO，CRO 迎来了一个难得的发展良机。

一、CRO 行业竞争分析

随着原研药研发投入的增加，可供药用的蛋白质开发殆尽，这给医药巨头继续深度研发带来了困难。就像采矿作业一样，先期矿藏资源非常丰富，矿业企业不需要太大的投入就可以获得较为丰厚的回报，但是，随着开采量的增加，后面开采的难度也就越来越大。为了开采同样数量的矿藏，不得不投入更多的人力和资源。医药产品的研发目前也面临这一状况。很多跨国制药巨头投入的研发费用越来越多，而研发成功的新品数量却越来越少。于是，选择将整个医药研发活动分解成若干环节，并外包给相关机构，就成为这些大型药企最佳的选择。通过外包，可以为制药企业节约 30% 左右的研发费用，这无疑刺激了 CRO 行业的快速发展。

1. CRO 产业链

CRO 的上游为具备 GCP（国家药物临床试验机构）资质的医疗机构以及具备 GLP（良好实验室规范）资质的药物评价实验室。CRO 可以直接与这些机构对接，还可以在临床实验中和全国优质的医生、国家药物评审中心进行良好的沟通，加速研发进程。制药企业、医疗器械企业以及医疗保健企业都属于 CRO 的下游单位。从整个产业链可以看出，CRO 几乎打通了整个医药产业链，这也使得其在承担外包合同时，比普通的制药企业更有效率。

2. CRO 分类

CRO 主要分为两类，即临床前 CRO 和临床 CRO。临床前 CRO 包括化合物研究和临床前研究，需要高度的专业化、核心技术以及专业人才，且具有高度的技术壁垒。临床 CRO 则对技术要求不高，业务同质化严重。

从 CRO 分布情况来看，欧美 CRO 所占的市场份额接近 90%。尽管我国 CRO 市场容量稳步推进，但所占比重依然较少，未来仍有很大的发展空间和潜力。从 CRO 的分类上来看，国际上临床前 CRO 约占整个 CRO 市场的

20%，临床 CRO 约占 80%。我国临床前 CRO 约占整个 CRO 市场的 43%，临床 CRO 约占 57%。也就是说，尽管临床 CRO 相对而言技术壁垒并不高，但在国内占比仍然不高，未来仍有很大的上升空间。目前，国内的 CRO 企业中规模最大的是药明康德。如果进行细化，临床前 CRO 包括睿智化学、康龙化成等；临床 CRO 包括泰格医药、博济医药等。

二、CRO 企业基本投资逻辑

CRO 与常规的医药研发企业不同，常规医药研发企业若有一个或几个爆款产品出现，就可以为企业带来持续性的收入，而 CRO 必须靠不断地承接其他制药企业的外包合同盈利。针对临床前 CRO 和临床 CRO 两类企业，投资者应该采用不同的投资逻辑。

1. 临床前 CRO

临床前 CRO 主要从事与新药研发有关的化学合成、化合物筛选、工艺和质量标准研究、药理学及毒理学实验等业务内容。临床前 CRO 具有较强的技术壁垒，需要高度精细化的分工、核心技术和大量专业人才。这些条件往往不是一朝一夕能够获得的，这就使得在临床前 CRO 领域取得领先优势的企业，可以获得快速发展。筛选临床前 CRO 投资标的时，需要关注以下几点。

第一，人才储备。

高端医药人才是临床前 CRO 的核心资产，也是在短期内高效完成 CRO 合同的关键。投资者通过查看各大公司研发人员的数量，就可以大致了解其承接任务的能力和发展潜力。药明康德曾在公司介绍中提到，公司拥有目前全球规模最大，经验最为丰富的小分子化学药研发团队之一，每天进行逾 7 000 个化学反应。其实，这就是公司研发实力的一种体现。

第二，管理体系的规范性以及实验数据的可靠性都是临床前 CRO 的生命线。2015 年 7 月国家市场监督管理总局（CDFA）发布了一份《关于开展药物临床试验数据自查核查工作的公告》，其后，很多 CRO 都被发现存在实验数据不真实的情况，CRO 行业一夜进入寒冬，直至 2017 年才逐渐恢复。

第三，成本与效率情况。

其他制药企业之所以将部分业务外包，无外乎是从成本角度考虑的。若 CRO 不能利用自身的优势提升效率，降低成本，将严重影响企业的获利能力。

2. 临床 CRO

临床 CRO 领域的技术壁垒相对较弱，且具有同质化倾向。国内临床 CRO 还有很大的上升空间，很容易形成赢家通吃的局面。目前，泰格医药在该领域具有较大的优势，未来还有继续放大优势的可能。

三、CRO 企业——药明康德

尽管国内 CRO 市场容量在国际上占比仍远远落后于欧美国家，但国内 CRO 的发展速度还是很快的，其中药明康德就是国内 CRO 领域的领军者。药明康德的市场占有率已经进入世界前 10 强，并拥有了非常完整的 CRO 产业链。

药明康德成立于 2000 年 12 月，是全球公认的具备新药研发实力的一体化医药研发服务能力与技术平台。药明康德能够为客户提供小分子化学药的发现、研发等一系列临床前各阶段的 CRO 服务及相关配套支持，进而为客户提供原料药 / 临床候选药物的生产工艺改进、实验室小试 / 中试、商业化生产等 CMO/CDMO 业务。药明康德拥有全面的业务覆盖领域，包括临床前的药点靶向认证、药物发现、化学实验、生物实验、药物安全评价，临床阶段的Ⅰ~Ⅳ期临床、中心试验室以及临床药物生产，生产阶段的安全监测和商业化生产。

药明康德的核心客户包括强生、默沙、葛兰素、辉瑞、罗氏等国际制药巨头。同时，在中国和美国均设有实验室和临床试验 CRO 公司。

深厚的科技研发实力，强大的客户资源，完整的产业链，保证了药明康德继续在 CRO 领域突飞猛进。随着世界 CRO 市场向中国转移，药明康德的市场占有率很有可能会进一步扩大，其业绩也将进一步提升。

1. 业务与盈利构成

药明康德作为CRO的领军企业，其收入主要来自各类CRO业务和实验室业务。药明康德的业务与盈利占比情况如表4-5所示。

表4-5 药明康德的业务及收入构成（2018年度）

业务名称		营业收入（元）	收入比例	营业成本（元）	成本比例	利润比例	毛利率
按行业	中国区实验室服务	51.13亿	53.26%	29.06亿	50.00%	58.25%	43.17%
	小分子新药工艺研发及生产业务	26.99亿	28.11%	15.77亿	27.14%	29.60%	41.55%
	美国区实验室服务	12.04亿	12.54%	9.15亿	15.74%	7.63%	24.02%
	临床研究及其他CRO服务	5.85亿	6.09%	4.13亿	7.11%	4.52%	29.29%
按国家或地区	美国	52.46亿	55.30%	–	–	–	–
	中国	24.45亿	25.77%	–	–	–	–
	欧洲	15.14亿	15.96%	–	–	–	–
	亚洲其他地区	2.82亿	2.98%	–	–	–	–

从表4-5中可以看出，药明康德的整个收入都是围绕CRO业务展开的，其中实验室服务占比较高，小分子新药工艺研发及生产业务的占比和毛利率也都比较高。与其他医药企业不同，药明康德的收入主要来自美国，在中国的收入占比仅为25.77%。说明该公司的收入比较依赖国外，未来国内市场还有很大的潜力可挖。

2. 药明康德财务数据

药明康德前几年的财务与收益数据情况如表4-6所示。

表4-6 药明康德财务数据

时间	2018	2017	2016	2015	2014
每股收益（元）	2.23	1.31	1.08	0.39	–
净利润增长率	84.22%	25.86%	179.39%	–24.38%	–
营业总收入（亿元）	96.14	77.56	61.16	48.83	41.4

续表

时间	2018	2017	2016	2015	2014
每股净资产（元）	17.45	6.76	5.94	21.72	-
净资产收益率	23.98%	21.14%	29.1%	14.45%	-

注：2018 年具有配股、增股情况。

从药明康德的财务数据情况来看，可以获得以下几个事实。

第一，药明康德除了 2015 年之外，其他几年一直保持着较为快速的增长态势。该股 2018 年 IPO 上市，需重点关注其后的净利润增长态势。通过查看该股的财务数据可以发现，2018 年的财务数据相比前几年出现了大幅增长态势。此时，投资者需要仔细分析这种快速增长形成的原因，是因为合同交付获得的款项较多，还是企业真正进入了增长快车道，投资者可注意查看该股 2019 年第一季度和第二季度的财报情况。

第二，近几年来，药明康德的业务覆盖了较为全面的产业链。美国区实验室业务、中国区实验室业务、小分子新药研发业务以及 CRO 业务共同构成了药明康德核心的四大业务板块。从收入上来看，美国制药企业提供的合同占药明康德总收入的一半以上，因此，汇率波动也会影响企业的利润情况。不过，我们选择一家企业更应该看重其持续的盈利能力，而非某一季度或年度的效益情况。

通过对药明康德业务以及财务情况的了解可知，该企业的发展前景应该不错，而且随着国内 CRO 业务的快速发展，作为这一领域的龙头，理应取得不错的业绩。

3. 药明康德整体分析

通过该公司财务报表可以看出，该企业手中的货币资金高达 57.6 亿元，相对于一家营收不足百亿元的企业而言，这种数量的现金属于较为丰厚的了。当然，这与该公司上市时间短有一定关系。截至 2018 年年底，该公司的商誉为 11 亿元左右，也是一个可以接受的范围。同时，该公司的资产负债率为 20% 左右，这也是一个比较良性的状态。总之，该公司的资产质量尚佳，属于较为良好的投资标的。

4. 药明康德估值分析

若以 2018 年年底每股收益 2.23 元为基准，并以 30% 的净利润增长率计算，2019 年的每股收益为 2.9 元（配股后为 2.07 元），2020 年的每股收益为 3.77 元（配股后为 2.56 元）。以医药行业 30 倍左右的市盈率计算，该股 2019 年的合理估值应该是 60 元左右。毕竟 CRO 领域并非原研药行业，无法出具更高的估值倍数。当然，还要考虑这个行业可能存在赢家通吃的情况，而药明康德作为 CRO 领域的龙头，有可能获得超额收益。药明康德的股价走势情况如图 4-4 所示。

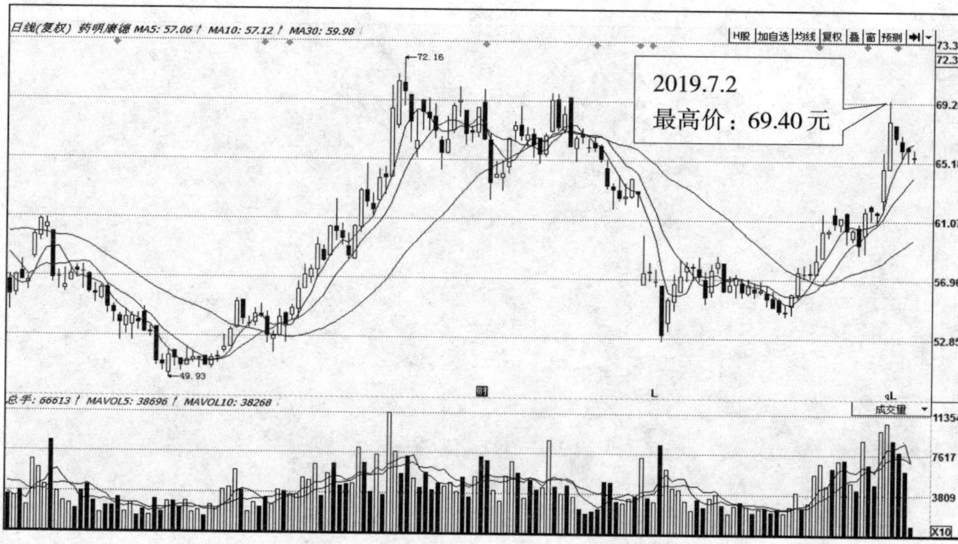

图 4-4　药明康德（603259）日 K 线走势图

药明康德的股价在 2019 年上半年随着大盘的震荡出现了横向震荡走势。由于药明康德 2018 年 5 月刚刚上市，因而在 2018 年下半年到 2019 年上半年的回调震荡，更可以看作股价经过上市爆炒后的一种修复动作。

从前面的分析可知，按照 2019 年每股净收益为 2.07 元估算，合理的股价范围应该是 60 元左右。但该股至 2019 年年中就达到了 69.40 元的价位，一方面说明市场资金对该股的追捧，另一方面也说明该股股价可能存在一定的高估，至少当前的价格并不便宜。

市场上真正的优质股票并不多，因而很多绩优股的股价都被推升至较高的位置。从价值投资的角度来看，这些股票的价格都不便宜，很难构成买入要件。可是市场上的资金更愿意相信这些股票未来还会继续走高，因而纷纷持有这些股票并继续推高其价格，这就使得投资者很难以便宜的价格买入。基于这种情况，投资者可考虑少量分批买进的方式建仓，回避风险。若股价随着大盘下跌，则可加大买入仓位；反之，若股价持续上升，则少量买入，并择高点减仓。

第五章

中医药与保健品企业投资研究

中医药是我国各民族医药的总称。相对于西方医药而言，中医药具有独特的技术理论和技术方法，属于一个相对独立的系统，因而其发展也充满了机遇与挑战。一方面，随着人们对中医药认识程度的不断加深，中医药越来越受到重视；另一方面，由于国际市场特别是欧美等国对药品的市场准入审核以临床数据为准，这就使得中医药在短期内若不通过临床试验的方法，则很难进入国际市场。目前，中医药出口中大部分是原料药物或中医药的提取物，而非中医药成品。

保健品又称为“膳食补充剂”，具有食品的共性，对于特殊人群有特定的保健功效。有的保健品是按照中医药理论研发、生产和宣传的，因而与中医药有着千丝万缕的联系。有的保健品是按照西方营养学的理论开发的。

第一节　中医药企业投资逻辑

尽管中医药领域喊了很多年“走出去”的口号，但从目前的情况看，对外出口特别是成药出口仍然不理想。近些年来国内市场随着“振兴中医药事业”战略的逐步实施，中医药市场的规模迅速扩大。

一、中医药行业竞争分析

目前，中医药行业包括中医药生产企业和中医医疗机构等。中医医疗机构普遍规模较小，还没有上市的企业，本节重点讨论中医药的生产与研发。

1. 中医药种植

中医药的疗效在很大程度上取决于中药药材的质量。药材是中医药生产企业的上游资源，也是最重要的资源。由于野生药材日渐稀少，散户种植药材的质量很难保证，因此越来越多的中医药企业开始自建药材种植基地。

在众多医药上市公司中，云南白药（云南文山）、白云山（云南文山）、同仁堂（山西、河南、内蒙古等地）、广州药业（内蒙古乌兰察布）等都各自建立了自己的中草药材种植基地。片仔癀在四川阿坝藏族羌族自治州建立了人工养麝基地，东阿阿胶在内蒙古巴林左旗建立了养驴基地。这些基地的建设，一方面解决上游药材的供应问题，避免因药材价格波动影响企业业绩，另一方面保证了药材的供应质量。

2. 中医药研发与生产

中医药的研发与西药完全不同。现阶段，中医药的研发更多地是探寻古方，利用现代生产技术生产中成药，或者从中草药中提取某些成分研发新药。例如，云南白药、同仁堂、片仔癀等医药企业，生产的中成药大都从古方中提炼而出。由于很多中成药源自古方，今人对其进行临床研究时，无法在短期内揭示其作用机理。为了促进中医药的发展，我国 2017 年 7 月 1 日起施行的《中华人民共和国中医药法》规定：经典古方可不做临床试验。这一法律加速了中医药的发展。但是像美国药品监督管理局（FDA）这类机构，要求所有药物必须有临床试验数据，且需标明具体的作用机理。因此，一些致力于开拓国际市场的中医药企业还是会坚持进行临床试验，以获取其他国家的准入许可。例如，天士力的复方丹参滴丸作为一种中成药，已经通过了 FDA II 期临床试验。

站在国内市场的角度来看，若所有经典古方都需要临床试验来证明其有效性，那么，我们很多传承于古代的偏方在十几年内都无法使用了，毕竟药品的临床试验以及药理分析要很多年时间，而这些古方又使用了几千年，经过了无数人的亲身实验，若这些药方无效的话，可能早就被淘汰了。从企业的角度来看，若想稳固国内市场，且手中有经典古方（经典古方目录由国家卫生部门公布)，可以直接上市销售。对于致力于走出国门的中医药企业来说，企业要想与国际接轨，以目前的情形来看，还是要进行临床试验。

3. 现代中药提取

中药包含的化学成分十分复杂，这也是中医药进行临床试验和药理分析难度很大的原因。中药包含的诸多成分中，有一些是对治疗有效的成分，有一些则属于无效成分，还有一些属于副作用成分。现代中药提取就是通过现代高新技术将中药中的各种成分分离，从中提取所需成分。

以中医古方为基础，应用现代中药提取技术开发新的药品或疗法，被认为是现代中医药应用的一个极具潜力的领域。特别是2015年中国中医科学院研究员屠呦呦因发现青蒿素治疗疟疾的新疗法获2015年诺贝尔奖，更为中医药的发展点起了一盏明灯。

不过，以目前的行业现状来看，专业从事中药提取的企业存在着明显的问题，包括运营管理不规范、提取质量不达标、中药材选择质量不佳等。中药提取行业的混乱，给安全用药带来了较大的隐患。

二、中医药企业基本投资逻辑

中医药行业在未来是一个充满机遇与挑战的行业，一方面，拥有宽阔“护城河”的企业仍将继续享受超额利润；另一方面，随着中医药与现代技术的融合，还可能涌现出新的、强势的企业。从投资安全的角度来看，我们还是比较看好拥有保密配方、强势品牌的企业。

1. 品牌

品牌具有的强大影响力已经被广泛证明。在医药领域，品牌与口碑在消费者选择方面具有更大的影响力。毕竟品牌的背后是安全、可靠的保障，这在药品领域极为关键。正因如此，我们在选择中医药企业时，要特别关注那些拥有强大品牌影响力的企业，包括云南白药、片仔癀、同仁堂等。

2. 保密配方

很多中医药企业都是建立在其所拥有的保密配方基础上的。尽管这些企业可能生产较多的产品，但真正盈利的还是那些具有保密配方的产品，如云南白药系列、片仔癀系列、北京同仁堂的安宫牛黄丸、白云山奇星药业的华佗再造丸、山西广誉远国药的龟龄集、上海和黄药业的麝香保心丸。其中，云南白药和片仔癀属于国家绝密配方，属于保密等级最高级别，这些国家保密配方在一定程度上可以维持企业较高的利润。还有一些国家中药保密配方在一些非上市公司手中，未来若进行 IPO 上市，也是值得投资者关注的，例如杭州雷允上的六神丸。

3. 关注具有特色产品的企业

除了品牌和绝密配方外，投资者还可以关注一些拥有国家中药保护品种或独家生产品种的企业，如马应龙（麝香痔疮膏）、中新药业（速效救心丸）、奇正藏药（奇正消痛贴膏）、天士力（复方丹参滴丸）、沃华医药（脑血疏）。这些单品以及附属品的年销售额有的接近 10 亿元，有的甚至超过 10 亿元。

这些规模不大的企业，只依托这些核心产品就可以取得不错的效益，不过现实的情况是“不想做大的企业就不是好企业”。很多企业并不满足于手中的“金牛”，频频向不熟悉的领域进军，导致这些“金牛”产生的利润被蚕食。

三、中医药老字号企业——云南白药

在中医药领域，云南白药是非常著名的一个。云南白药集团股份有限公司是一家主要经营化学原料药、化学药制剂、中成药、中药材、生物制品的公司。公司产品以云南白药系列、三七系列和云南民族特色药品系列为主，产品畅销国内市场、东南亚、日本、欧美等国家和地区。其中，云南白药系列产品是企业的核心利润来源，同样拥有国家保密级配方。同时，云南白药也在利用云南白药的品牌优势寻找新的利润增长点。在业务延伸方面，最成功的一个项目是云南白药牙膏。目前，云南白药牙膏与黑人牙膏的市场占有率位居行业前两位。

1. 基本产品线与盈利构成

云南白药是以云南白药系列产品为主营业务的制药公司，该公司医药经营方面占整个营收的比重也比较大。云南白药的产品销售与利润占比情况如表 5-1 所示。

表 5-1　云南白药产品及收入构成（2018 年度）

业务名称		营业收入（元）	收入比例	营业成本（元）	成本比例	利润比例	毛利率
按行业	商业销售收入	159.37 亿	59.74%	146.35 亿	79.02%	15.99%	8.17%
	工业销售收入	107.27 亿	40.21%	38.85 亿	20.98%	84.01%	63.79%
	种植业销售收入	1 211.81 万	0.05%	–	–	–	–
	技术服务	346.40 亿	0.01%	–	–	–	–
按产品	批发零售（药品）	159.37 亿	59.74%	146.35 亿	79.02%	15.99%	8.17%
	工业产品（自制）	107.27 亿	40.21%	38.85 亿	20.98%	84.01%	63.79%
	其他产品	1 558.21 万	0.06%	–	–	–	–

从表 5-1 中可以看出，云南白药整个产品线的盈利点在云南白药、云南白药牙膏等产品的销售方面，这类产品的营收占公司总营收的比例仅为 40%，却贡献了 84% 的利润。医药商业的利润比例相对较低，说明云南白药系列产品仍是该公司的主要盈利点，也是该公司核心的竞争优势所在。

2. 云南白药财务数据说明

由于手中握有云南白药系列的独家配方，在市场上根本没有同类产品与之抗衡，加之云南白药自身强大的品牌影响力，保证了云南白药的业绩与盈利水平一直处于较高水平。

云南白药前几年的财务与收益数据情况如表 5-2 所示。

表 5-2　云南白药财务数据

时间	2018	2017	2016	2015	2014
每股收益（元）	3.18	3.02	2.8	2.66	2.41
净利润增长率	5.14%	7.71%	5.38%	10.56%	7.95%
营业总收入（亿元）	267.08	243.15	224.911	207.38	188.14

续表

时间	2018	2017	2016	2015	2014
每股净资产（元）	19.00	17.32	15.1	12.90	10.74
净资产收益率	17.37%	18.55%	20.03%	22.43%	24.86%

注：2015 年、2016 年、2017 年、2018 年均有大幅分红情况。

从云南白药的财务数据来看，可以获得以下几个事实。

第一，云南白药在过去几年内一直保持了较为稳定的增长态势，不过增速放缓。这种情况说明该公司的营收经历了多年的上升后，遇到了明显的瓶颈，但以其核心产品在市场上的垄断效应，企业未来的营收和利润应该不会出现萎缩。

第二，云南白药每股盈利较高，2018 年年底达到了 3.18 元，保证了股价维持在高位。

第三，从该产品的年报数据来看，该股的净资产收益率仍能维持在 15% 以上，这也是一个非常不错的数字，从另一方面说明该股的盈利能力尚可。

3. 云南白药整体分析

查看云南白药更为详细的财务报表可以发现，相比药物研发领域的企业，云南白药在研发方面投入的资金较少，每年的研发投入不足 1 亿元。对于一个年销售额超过 200 亿元的企业而言，1 亿元的研发费用太低了，不得不让人担忧其未来新产品的竞争力。

在云南白药的财务数据中，有一项是比较吸引人的，即净资产负债率仅有 30%，且手中的大量现金并未用于股权投资或购买股票，只是用于货币基金的投资，资金的安全性比较有保证，而且每年还会有超过 1 亿元的投资收益。这是云南白药比较吸引投资者的地方。

投资者还需关注云南白药的股权变化情况，毕竟控制权的变更可能对企业经营方向产生重大影响。从 2016 年年末起，新华都集团开始连续参与增资，新华都集团董事长陈发树个人也在买进云南白药的股票，使得新华都持有的云南白药股权已经接近云南省政府的持股比例了。未来，云南白药存在控制权变动的可能。

4. 云南白药估值分析

综合对云南白药财务数据的解读可以看出，该股属于盈利能力较强的白马股，但成长空间让人存有疑虑。以 2018 年年底的每股收益 3.18 元为基准，并以 10% 的净利润增长率计算，2019 年的每股收益为 3.5 元，2020 年的每股收益为 3.85 元。以医药行业 30 倍左右的市盈率计算，该股 2019 年的合理估值应该在 105 元左右。不过，前面已经分析过了，该股的成长性可能要弱于医药板块中的大多数股票，因此打个对折，即以 15 倍市盈率计算，2019 年的股票价格应该在 52.5 元以下。云南白药的股价走势如图 5-1 所示。

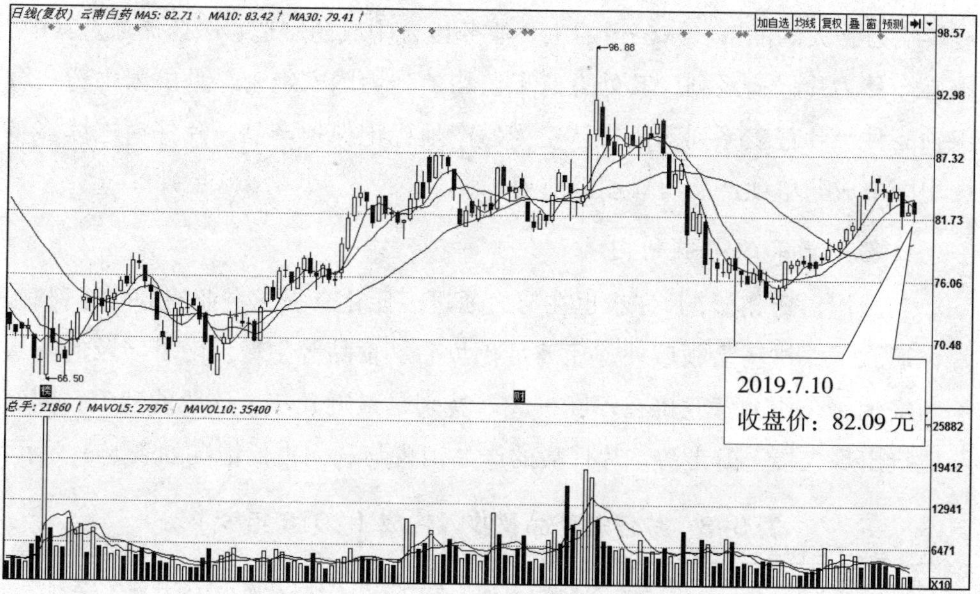

图 5–1　云南白药（000538）日 K 线走势图

云南白药的股价在2019年上半年随着大盘的震荡出现了横向震荡走势。由于医药体系改革和带量采购等政策的实施，使得医药股股价受到了很大程度的冲击，很多绩优股出现了大幅走低态势。云南白药的股价自高位下跌后也同步出现震荡走势。到 2019 年 7 月 10 日，该股收盘价为 82.09 元。

从前面的分析可知，按照 2019 年每股净收益 3.5 元计算的话，股价合理的范围应该在 52.5 元左右。即使按照 20 倍市盈率计算，也不宜超过 70 元。

但至2019年年中，该股股价就运行于80元上方，一方面说明市场资金对该股的追捧，另一方面也说明该股股价可能存在一定的高估，投资者可以在股价出现回调时择机入场。

相比其他医药股，给予云南白药的估值是很低的，这主要与其发展速度下降有关。若该股能在其后突破发展瓶颈，净利润增长率重新上升至20%以上，则其必然会成为百元股行列的常客。

四、中医药老字号企业——片仔癀

片仔癀是一家与云南白药相似的企业，同样拥有国家保密配方，同样拥有影响力强大的品牌。该公司的主要业务包含中成药制造、医药流通。其中，核心产品为片仔癀系列，其处方、工艺均被列为国家绝密，是中国中药一级保护品种。片仔癀系列药品被认定为原产地标记保护产品，片仔癀连续多年居中国中成药单项产品出口创汇前列。

1. 基本产品线与盈利构成

与云南白药相似，片仔癀也在努力通过多元化来提升企业的营收与利润。片仔癀除了深耕药品领域外，还涉足化妆品、食品等领域。随着涉及的领域不断增加，企业的营收也在不断扩大。特别是最近几年，该股的营收、利润与股价出现大幅上升走势。片仔癀的产品销售与利润占比情况如表5-3所示。

表5-3 片仔癀产品及收入构成（2018年度）

业务名称		营业收入（元）	收入比例	营业成本（元）	成本比例	利润比例	毛利率
按行业	医药商业	23.54亿	49.60%	21.24亿	77.53%	11.44%	9.74%
	医药工业	18.80亿	39.63%	3.78亿	13.80%	74.92%	79.89%
	日用品、化妆品	4.98亿	10.49%	2.28亿	8.31%	13.46%	54.24%
	食品	1 347.73万	0.28%	997.69万	0.36%	0.17%	25.97%
按产品	医药商业	23.54亿	49.60%	21.24亿	77.53%	11.44%	9.74%
	肝病用药	17.97亿	37.87%	3.05亿	11.13%	74.40%	83.02%
	日用品、化妆品	4.98亿	10.49%	2.28亿	8.31%	13.46%	54.24%
	感冒用药	2 464.91万	0.52%	2 902.61万	1.06%	−0.22%	−17.76%

续表

业务名称		营业收入（元）	收入比例	营业成本（元）	成本比例	利润比例	毛利率
按产品	呼吸系统用药	2 019.40 万	0.43%	1 522.51 万	0.56%	0.25%	24.61%
	其他	1 595.87 万	0.34%	1 352.12 万	0.49%	0.12%	15.27%
	保健食品	1 347.73 万	0.28%	997.69 万	0.36%	0.17%	25.97%
	皮肤科用药	722.19 万	0.15%	373.55 万	0.14%	0.17%	48.28%
	肛肠科用药	610.89 万	0.13%	345.60 万	0.13%	0.13%	43.43%
	骨伤科用药	387.85 万	0.08%	369.51 万	0.13%	0.009 1%	4.73%
	心血管用药	317.20 万	0.07%	264.43 万	0.10%	0.03%	16.63%
	妇产科用药	191.51 万	0.04%	150.19 万	0.05%	0.02%	21.58%
	糖尿病用药	34.79 万	0.007 3%	20.83 万	0.007 6%	0.007 0%	40.12%

从表 5-3 中可以看出，片仔癀整个产品线非常丰富，而且具有明显的从医药产品外延至食品、化妆品等行业的倾向。不过，化妆品和食品的销售额与医药产品相比还有很大的差距。该公司最核心的产品仍然是肝病用药，其利润占公司总利润的比例高达 74%，毛利率高达 83%。从这一点上来看，片仔癀的获利能力还是有保障的。

从表 5-3 中还可以看出，片仔癀的产品线分布太广，很多产品营收和利润很低，且与主业关联不大。这些业务一方面会增加企业的营收，有可能成为未来利润的增长点，但另一方面也会分散企业的资源和精力，不利于强化核心业务。

2. 财务指标分析

片仔癀前几年的财务与收益数据情况如表 5-4 所示。

表 5–4　片仔癀财务数据

时间	2018	2017	2016	2015	2014
每股收益（元）	1.89	1.34	0.89	1.16	2.73
净利润增长率	41.62%	50.53%	14.88%	6.35%	2.11%
营业总收入（亿元）	47.66	37.14	23.09	18.86	14.54
每股净资产（元）	8.31	6.86	5.79	7.85	18.08

续表

时间	2018	2017	2016	2015	2014
净资产收益率	24.98%	21.16%	16.2%	15.43%	16.79%

注：2015 年、2016 年、2017 年、2018 年均有大幅分红情况。

从片仔癀的财务数据来看，可以获得以下几个事实。

第一，片仔癀在过去几年内的增长速度不断加快，特别是最近两年的增速远远超过此前几年，这与该公司的多元化运作具有密切的关系。

第二，前几年的业绩增速较慢，最近两年突然加速，需要重点了解该企业增速的可持续性问题。

第三，从该产品的年报数据来看，该股的净资产收益率仍能维持在 15% 以上，这是一个非常不错的数字，说明该股盈利能力尚可。

3. 片仔癀整体分析

查看片仔癀更为详细的财务报表可以发现，片仔癀在研发方面投入的资金较少，这与云南白药相似，都是靠保密配方而非新产品研发获利的企业。

从片仔癀的财务数据可以发现，该股负债率比云南白药还要低，仅有 20%，且企业的现金及现金等价余额超过 20 亿元，该股 2018 年的营收才 47 亿元，说明该股的资产质量较佳。

与此同时，片仔癀的销售毛利率在 45% 左右，这也高于云南白药，说明片仔癀的获利能力较佳。

4. 片仔癀估值分析

综合对片仔癀财务数据的解读可以看出，该股属于盈利能力较强的白马股。不过，由于过去几年的营收增幅过大，不得不让人担忧其未来的营收能否保持当前的增速。基于投资安全的考虑，这里按片仔癀过去 5 年的净利润增长率平均数来预测未来的净利润增长情况。

未来的净利润增长率 =（41.62%+50.53%+14.88%+6.35%+2.11%）/5

≈23.1%

若以 2018 年年底的每股收益 1.89 元为基准，并以 23% 的净利润增长率计算，2019 年的每股收益为 2.32 元，2020 年的每股收益为 2.86 元。以医药行业 30 倍左右的市盈率计算，该股 2019 年的合理估值应该在 69.6 元左右。片仔癀的股价走势如图 5-2 所示。

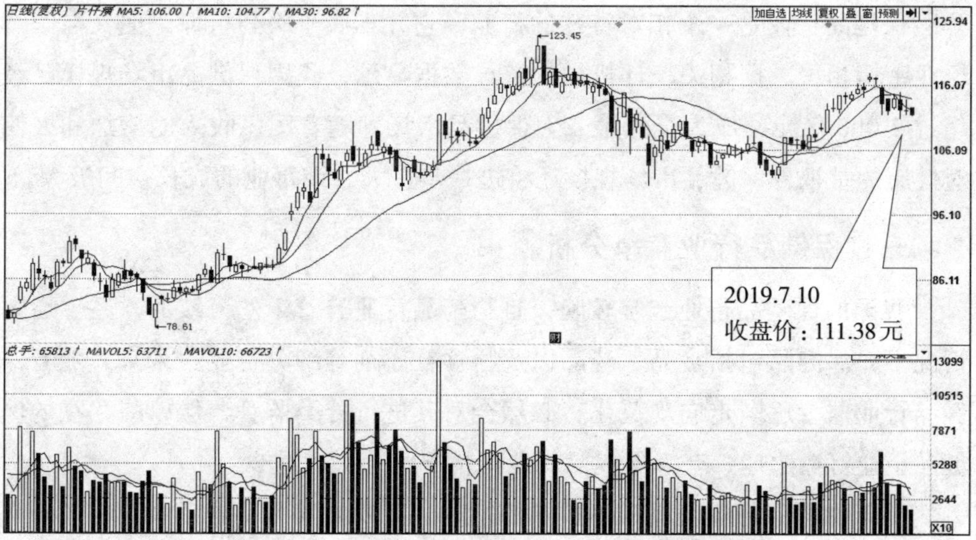

图 5-2　片仔癀（600436）日 K 线走势图

片仔癀的股价在 2019 年上半年随着大盘的震荡出现了横向震荡走势。由于医药体系改革和带量采购等政策的实施，使得医药股股价受到了很大程度的冲击，很多绩优股出现了大幅走低态势。不过，由于片仔癀之前的业绩增速较快,很受市场资金的青睐,因而股价一直在高位震荡。2019 年 7 月 10 日，尽管该股股价较之前的高位有所回落，但股价仍然高达 111.38 元。

从前面的分析可知，按照 2019 年每股净收益为 2.32 元计算的话，该股股价合理的范围应该在 69.6 元左右。这个估值是建立在该股业绩增长维持在 23% 以上得出的。若该股其后增速大幅下滑或上涨，则原有的估值也必然会随之调整。

尽管该股可能仍处于高速增长期，但我们仍认为其增速很难维持在高位，股价回调的概率较大。若以现在的业绩增速估算，回调至 50 元以下是投资者入场建仓的时机。

第二节　保健品企业投资逻辑

保健品行业是一个相对特殊的行业，它并不属于医药行业，但又与医药行业密切相关。据相关统计机构的统计数据显示，我国保健品市场规模已经超过 2 000 亿元，成为全球第二大保健品市场。随着国民收入的增加和人们对健康的重视，保健品市场规模还将进一步扩大，该行业的成长空间极大。

一、保健品行业竞争分析

我国的保健品行业起步较晚，且与药品行业有着千丝万缕的联系。通常情况下，保健品包括食品、药品以及膳食补充剂等细分行业。未来，随着保健品行业监管逐渐走向规范化，必然会对其进行分类监管，像以前存在的保健品企业打擦边球、夸大保健品功能的情况将会大大减少。

由于保健品行业仍属于不成熟的行业，且发展潜力十分巨大，因而未来入局保健品的企业会越来越多。目前，保健品行业具有以下特征。

第一，原有的保健品企业出现增长乏力的状况。

与保健品市场规模持续放大不同，以交大昂立和东阿阿胶为代表的老牌保健品品牌在最近几年的市场上表现并不理想。尽管保健品生产企业仍在提价、扩展新品种上下功夫，但市场反应仍没有太大的起色。一些新兴保健品企业层出不穷，如汤臣倍健、量子生物。

第二，药业入局。

由于保健品市场发展潜力和空间十分广阔，使得很多制药企业纷纷介入该行业。制药企业本身拥有一些具有治疗效果的药品，这使得其进入保健品领域更加容易。哈药股份、江中制药等也都在保健品市场有所斩获。

第三，外资保健品入局。

外资保健品企业在国内布局时间已经很长了，特别是国内对直销行业进行规范后，取得直销牌照的企业中就有很多属于外资保健品企业。在国内市场上，占据较大市场份额的保健品企业有安利、惠氏等。

二、保健品企业基本投资逻辑

保健品行业曾经被认为是一个可以让一家企业迅速崛起的行业，也确实曾有几家企业靠着某一保健品迅速崛起。但是，在选择投资标的的时候，更多地还是要考察一家企业的经营能否持续、稳定。出现爆品固然是好事，但也要预防昙花一现的可能。在寻找保健品投资标的时，需要考虑以下几个方面。

1. 品牌

品牌的背后是消费者的信任和认可。能够在很多年里一直得到消费者认可的品牌，往往具有更强的生存能力。未来，掌握这类品牌的企业还能够取得持续、稳定的收益。例如，东阿阿胶就是一个兼具老字号和原产地保护的品牌。即使这类企业业绩增速不高，它也能持续为投资者带来可观的回报。反之，在短期内靠广告轰炸崛起的品牌，一次突发的事件就可能让其销声匿迹。保健品与药品类似，我们在考查一个品牌知名度时，更要考虑其背后的美誉度。

2. 企业持续增长的空间与潜力

成长性是考察和评估一个企业价值时需要考虑的核心要素。通常情况下，会对能够保持高速增长的标的给予较高的估值。对于业绩增长乏力的股票则无法给出更高的估值，即使这类股票有良好的基本面，即每股收益和每股净资产都比较高。保健品领域是一个发展空间极大的行业，若企业不能保持强劲的增长，则意味着可能会被竞争对手超越，甚至被淘汰出局。30% 的净利润增长率在保健品领域是成长性的一个标准，若企业的净利润增长率达不到这一标准，则很难给予较高的估值。

3. 关注核心产品线

保健品企业是非常依赖核心产品线的。若企业只依赖某一核心爆品，可能短期内会给企业带来较丰厚的利润，但单一产品很难持续多年。正因如此，需要寻找那些主打某一核心产品线，且能够通过持续的研发不断拓展市场需求的企业。汤臣倍健和东阿阿胶都属于比较典型的企业。

三、老牌保健品生产企业——东阿阿胶

东阿阿胶是一家以阿胶系列为主打产品的企业，也是中国保健品领域的一面旗帜。

东阿阿胶股份有限公司是一家以阿胶及相关产品生产和销售为主的企业，主要产品有阿胶、复方阿胶浆、阿胶糕。查看该公司的参股和控股公司可以发现，该公司投资的企业多数与驴有关，可以说这是一家非常专注于主业的公司。东阿阿胶远销美国、东南亚等国家和地区，其中复方阿胶浆还是国家保密品种。由于东阿阿胶历史悠久，奠定了其在消费者心目中无可替代的地位。近年来，尽管很多企业相继进入阿胶市场，但总体来看，东阿阿胶在阿胶分类市场中仍占据着无可争议的垄断地位。华润作为东阿阿胶的控股股东，还在继续增持，也从侧面说明华润对东阿阿胶的发展前景非常看好。

1. 基本产品线与盈利构成

东阿阿胶以经营阿胶系列产品为主营业务。阿胶产品的下游为销售企业（含电子商务），东阿阿胶建有自己的电子商务公司，上游为阿胶的重要原材料——驴皮。为了保证驴皮的供应，东阿阿胶在各地建立了畜牧养殖基地，这就使得东阿阿胶形成了比较完整的产业链。东阿阿胶的产品销售与利润占比情况如表 5-5 所示。

表 5-5　东阿阿胶产品线及盈利构成（2018 年度）

业务名称		营业收入（元）	收入比例	营业成本（元）	成本比例	利润比例	毛利率
按行业	医药工业	63.89 亿	87.28%	15.90 亿	63.93%	99.28%	75.12%
	其他行业	8.75 亿	11.95%	8.40 亿	33.79%	0.72%	3.95%
	医药商业	5 671.98 万	0.77%	5 659.50 万	2.28%	0.002 6%	0.22%
按产品	阿胶系列产品	63.17 亿	86.29%	15.81 亿	63.57%	97.98%	74.98%
	其他	9.47 亿	12.93%	8.49 亿	34.15%	2.02%	10.30%
	医药贸易	5 671.98 万	0.77%	5 659.50 万	2.28%	0.002 6%	0.22%

从表 5-5 中可以看出，东阿阿胶整个产品线的重心在阿胶系列产品上，其他行业包括畜牧也创造了一定的产值，但所占比重不大。阿胶系列产品以 63.57% 的成本贡献了企业 97.98% 的利润，且毛利率接近 75%，而其他产品的毛利率很低。

2. 财务指标分析

东阿阿胶之前几年的财务与收益数据情况如表 5-6 所示。

表 5-6 东阿阿胶财务数据

时间	2018	2017	2016	2015	2014
每股收益（元）	3.19	3.13	2.83	2.48	2.08
净利润增长率	1.98%	10.36%	14%	19%	13.52%
营业总收入（亿元）	73.83	73.72	63.17	54.5	40.09
每股净资产（元）	17.28	15.05	12.78	10.72	9.06
净资产收益率	19.72%	22.46%	24.10%	24.78%	24.81%

注：2015 年、2016 年、2017 年、2018 年均有大幅分红情况。

通过表 5-6 中的数据可以得出以下几个结论。

第一，该股盈利能力较强，且比较稳定，这与其品牌影响力和所处的行业地位密切相关。

第二，该股近年来营收与净利润出现放缓迹象，这与企业发展到一定的瓶颈期有关。目前，该企业正在整顿渠道，以期重新恢复强劲的增长率。在业绩上升拐点到来之前，出于投资安全考虑，还是应该尽量采取保守型的估值方法，待企业出现业绩拐点时，再重新进行估值。

第三，该股的净资产收益率一直维持在 20% 左右，属于非常好的水平。

3. 资产质量分析

从东阿阿胶的财务报表还可以看到该股的资产负债情况。截至 2018 年年底，该公司的资产负债率仅为 18% 左右，且手中还握有 20 亿元现金，说明东阿阿胶的资产质量较佳，是一家值得投资的绩优标的。

4. 成长性与估值

综合对东阿阿胶财务数据的解读可以看出，该股属于盈利能力较强的白马股，但成长空间让人存有疑虑。若以2018年年底的每股收益3.19元为基准，并以10%的净利润增长率计算，2019年的每股收益为3.5元（从企业披露的2019年中报可以看出，该股全年净利润下滑已成定局，投资者根本不能按照正常的估值估算股价），2020年的每股收益为3.85元。以医药行业30倍左右的市盈率（保健品行业理应有更高的增长率，这里是相对保守的估计）计算，该股2019年的合理估值应该在105元左右。不过，前面已经分析过了，该股的成长性要弱于医药板块中的大多数股票，因而要打个对折，即以15倍市盈率来计算，2019年的价格应该在52.5元以下。若2019年该股净利润降至1元左右的水平，那么，该股的股价维持在30元位置都困难。东阿阿胶的股价走势如图5-3所示。

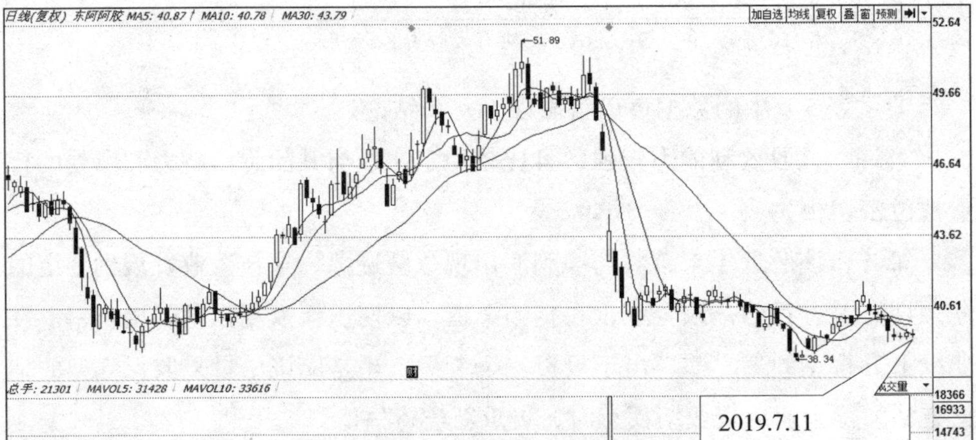

图5-3 东阿阿胶（000423）日K线走势图

东阿阿胶的股价在2019年上半年随着大盘的震荡出现了横向震荡走势。特别是市场对东阿阿胶营收增长存在疑虑的同时，东阿阿胶以前百试百灵的提价增收策略开始失效，这更加剧了市场对其营收增长前景的疑虑。因此，东阿阿胶的股价开始了较大幅度的下跌。

从前面的分析可知，按照2019年每股净收益为3.5元计算的话，股价合理的范围应该在52.5元左右。但在2019年年中，该股收盘价为39.41元，即股价长期运行在40元附近。尽管该股的增长前景还不明朗，但毕竟属于绩优股，且内在的盈利能力并未削弱，未来股价还是有可能创出更高价格的。

对东阿阿胶的估值是建立在其能保持10%净利润增长率基础上的，若其增长率出现大幅下滑，则其估值基础将不复存在。根据2019年中报数据，东阿阿胶的净利润大幅下跌，该股股价肯定也会随之下挫。

不过，由于该企业本身盈利基础仍在，经过一番洗礼后，股价和市值将会重构，其后也可能会有一番新的作为。

四、新锐保健品生产企业——汤臣倍健

汤臣倍健是一家以膳食营养补充剂引入非直销领域的企业。之前做膳食补充剂的企业，最著名的当属安利了。汤臣倍健选择了一条与其他膳食补充剂企业不同的道路，即通过线上和线下药店销售膳食补充剂。

汤臣倍健股份有限公司是一家主要从事膳食营养补充剂的研发、生产和销售的公司。目前，汤臣倍健成长为中国膳食营养补充剂领导品牌和标杆企业。该公司产品在国内200多个城市约9 000多个零售终端进行销售，其中在3 900多个终端设置了销售专柜。目前，公司产品的零售终端数量在同行业中处于领先地位。该公司共拥有144个保健食品批准证书及88款保健食品备案凭证，批准证书的数量遥遥领先其他保健品企业。（来源：同花顺软件平台）

1. 基本产品线与盈利构成

汤臣倍健以经营膳食补充剂系列产品为主营业务，产品主要包括片剂、粉剂和胶囊等种类。汤臣倍健的产品销售与利润占比情况如表5-7所示。

表 5-7　汤臣倍健产品收入与利润构成（2018 年度）

业务名称		营业收入（元）	收入比例	营业成本（元）	成本比例	利润比例	毛利率
按产品	片剂	19.43 亿	44.67%	4.49 亿	31.94%	50.75%	76.87%
	胶囊	10.33 亿	23.73%	3.43 亿	24.40%	23.41%	66.75%
	粉剂	8.04 亿	18.49%	3.53 亿	25.07%	15.34%	56.15%
	其他	5.71 亿	13.11%	2.61 亿	18.58%	10.50%	54.18%
按国家或地区	中国	40.75 亿	93.66%	12.86 亿	91.42%	94.72%	68.44%
	澳大利亚	2.76 亿	6.35%	1.21 亿	8.58%	5.28%	56.28%

从表 5-7 中可以看出，汤臣倍健整个产品线的重心都在膳食补充剂系列产品上，其细分的片剂、粉剂和胶囊共同撑起了汤臣倍健的营收。从该企业产品的毛利情况可以看出，整体上膳食补充剂的毛利率都在 55% 以上。相对于其他行业来说，这是一个很高的数字，但在保健品领域并不算特别高。结合该企业没有选择大多数保健品企业所走的直销道路，这就使得该企业产品的毛利率相对于其他保健品企业来说处于较低水平。

2. 财务指标分析

汤臣倍健前几年的财务与收益数据情况如表 5-8 所示。

表 5-8　汤臣倍健财务数据

时间	2018	2017	2016	2015	2014
每股收益（元）	0.69	0.52	0.37	0.89	0.77
净利润增长率	30.79%	43.17%	−15.78%	26.44%	19.19%
营业总收入（亿元）	43.51	31.11	23.09	22.66	17.05
每股净资产（元）	3.81	3.47	3.18	6.27	3.72
净资产收益率	19%	15.8%	11.76%	15.69%	22.02%

注：2015 年、2016 年、2017 年、2018 年均有大幅分红或配股情况。

通过表 5-8 中的数据可以得出以下几个结论。

第一，该股盈利能力较为稳定，除了 2015 年外，都保持了较高的增长率，说明该企业具备较强的持续盈利能力。

第二，从财务数据可以看出，最近两年该股业绩出现加速上行趋势，出现了明显的业绩拐点。这种拐点的形成主要源于两点：其一，汤臣倍健公司通过收购儿童营养补充剂品牌 Pentavite 和益生菌品牌 Life-Space，增加了营收并开始合并报表；其二，也是最主要的，部分单品的营收开始放大，特别是储备单品上市，收入占比快速提升。以上共同构成了业绩的加速上行，这一点在对该企业进行估值时需要考虑。基于以上原因，可以认为在未来几年内，该股有望保持 30% 以上的净利润增长率（30% 为保守估计，未来可能会放大至 40% 左右）。

第三，该股的净资产收益率一直维持在 15% 左右，近年更是逼近 20%，这属于非常好的水平。

3. 资产质量分析

从汤臣倍健的财务报表可以看到该股的资产负债情况。截至 2018 年年底，该公司的资产负债率为 30% 左右，且手中握有较为丰厚的现金，说明汤臣倍健的资产质量较佳，是一个值得投资的绩优标的。随着汤臣倍健近年来收益和投入的增加，资产负债率可能有进一步增加的趋势，不过这也是可以接受的。

4. 成长性与估值

综合对汤臣倍健财务数据的解读可以看出，该股属于盈利能力较强的绩优股，且具有较为广阔的成长性。若以 2018 年年底的每股收益 0.69 元为基准，并以 30% 的净利润增长率计算，2019 年的每股收益为 0.9 元，2020 年的每股收益为 1.17 元。以医药行业 30 倍左右的市盈率（保健品行业理应有更高的增长率，这里是相对保守的估计）计算，该股 2019 年的合理估值应该在 27 元左右。尽管认为该企业未来业绩大幅上升属于大概率事件，但也存在合并报表企业业绩下滑或储备单品营收增长不理想的情况，可以考虑将估值打 8 折，即 21.6 元。汤臣倍健的股价走势如图 5-4 所示。

汤臣倍健的股价在 2019 年上半年随着大盘的震荡出现了横向震荡走势。不过，相对于大盘的大幅调整，汤臣倍健更多地属于横向震荡调整。

图 5-4　汤臣倍健（300146）日 K 线走势图

从前面的分析可知，按照 2019 年每股净收益为 0.9 元计算的话，股价合理的范围应该在 21.2 ～ 27 元之间。但在 2019 年年中，该股股价的收盘价仅为 19.42 元，也就是说，股价大部分时间运行在合理价格的下方，说明该股在当前价格下还是具有一定的投资价值的，是值得投资者买入的标的。

第六章

生物制药与疫苗企业投资研究

生物药物是指运用生物学、医学、生物化学等的研究成果，综合利用物理学、化学、生物化学、生物技术和药学等学科的原理和方法，利用生物体、生物组织、细胞、体液等制造的一类用于预防、治疗和诊断的制品。生物药物包括生物技术药物和原生物制药。生物制药原料以天然的生物材料为主，包括微生物、人体、动物、植物、海洋生物等。

作为制药行业的一个分支，生物制药在传统医药可创新空间越来越小的情况下，将会成为最具发展潜力的一个分支。而在生物制药领域，生物疫苗又是其中最重要的一个细分领域。

第一节　生物制药企业投资逻辑

生物制药被普遍认为是最有前景的一个制药领域，因而很多大型传统制药公司都设立了生物制药子公司和生物研究实验室。比如恒瑞制药、正大天晴都开始从化学药向生物药领域延伸。生物制药企业的兴起，短期内可能还无法改变我国生物制药产业落后的现状，不过，这里仍试图在众多生物制药企业中找到较具成长性和创新性的企业。

一、生物制药行业竞争分析

近年来，生物制药行业作为整个制药领域发展比较迅速的一个分支，营收水平迅速放大。国内市场，2010 年整个生物制药行业的营收刚刚超过 1 000 亿元，而到了 2017 年，这一数字已经超过了 3 000 亿元。目前，我国生物制药领域的核心领域包括血液制品、疫苗、细胞工程（单抗）以及基因工程等。其中，疫苗行业将在下一节详细介绍。

1. 生物制药行业存在的问题

尽管生物制药领域发展较为迅速，但存在的问题也比较多，包括但不限于以下几类。

第一，我国生物制药整体水平落后于欧美等发达国家。我国生物制药起步较晚，因而与化学药物相似，也以仿制药为主，很少有原研药。不过，由于最近几年国外很多生物药物的专利到期，因而仿制药也有较大的发展空间。

第二，鱼龙混杂，良莠不齐。由于生物技术本身是一个相对宽泛的范畴，酶工程、发酵工程与基因工程、细胞工程同属于生物领域，因而，一些与生物技术沾边的企业都会选择在企业名称中加入“生物科技”等字样，给人一种高、精、尖的感觉。其实，这些企业可能仅仅生产了一点儿维生素或抗生素。

第三，个别领域拥挤不堪，但市场占有率仍较低。例如，胰岛素是重要的降糖药物，在国内市场上就有包括复星医药、通化东宝、甘李药业、联邦制药等多家制药企业生产该类产品。不过，这些国内制药企业的市场占有率总和仍然处于极低水平。换句话说，我们的生物药物整体疗效与国外药企的产品还存在一定的差距。

2. 未来需要重点关注的领域

第一，血液制品领域。

目前，在国内市场上，血液制品是主要的生物制品之一。血液制品包括免疫球蛋白、人血蛋白、人凝血酶原复合物、人纤维蛋白原、人凝血因子等。我国对血液采集实行牌照管理，国内血液制品领域是拥有牌照的几家血液制品公司开展竞争。目前，华兰生物、上海莱士和天坛生物是国内血液制品三巨头。博雅生物的营收和采血量尽管与华兰生物等巨头有一定的差距，但其正处于高速增长期。

血液制品领域在整个生物制药领域属于竞争少、需求大的行业，未来几大血液制品巨头都可能迎来快速发展期。

第二，基因工程。

基因工程技术相对比较复杂，但也是应用非常广泛的一种生物工程技术，例如各类干扰素、胰岛素、生长素。长春高新旗下的金赛药业生产的基因重组人生长激素系列产品，占据了很大的市场份额，特别是水针剂和长效生长激素直接垄断了市场。生长激素产品的垄断性优势，为该企业带来了巨大的利润。

第三，细胞工程。

细胞工程包括单克隆抗体技术、动物细胞培养、植物细胞培养等3类技术，其中尤以单克隆抗体技术（简称“单抗”）最为重要。单抗技术是抗癌药物研发的核心。目前，很多生物公司都涉足单抗技术，如丽珠集团旗下的丽珠单抗、华兰生物的华兰基因工程、恒瑞医药等。

二、生物制药企业基本投资逻辑

生物制药领域是一个竞争强度与技术水平呈反比的行业，即技术水平越高，竞争强度越低；反之，技术水平越低，竞争强度越高。这一领域的技术迭代与更新速度很快，企业要想在竞争中取胜，必须拥有足够的技术优势。

由于生物制药企业在研发新药时需要投入巨额资金，且短期很难有多少回报，因而，对尚处于投入期的企业，重点应该关注研发方向以及取得的研究成果、所处的研究阶段，而不应简单地以营利数字判断投资价值。当然，若企业已经完成了前期的研发投入，则需重点关注盈利的可持续性和增长性。

1. 关注重点领域

在生物制药领域，最受重视的当属抗癌药物的研发。随着科技的不断发展，对癌症的认识也不断深入和完善，新的抗癌药物层出不穷。不过，到目前为止，几乎所有的抗癌药物和癌症治疗方法仍停留在希望让患者存活时间更久上，而非彻底治愈。在抗癌药物研发方面，仍有很长的路要走，这也为生物制药企业提供了巨大的探索空间。近年来，国内制药企业在抗癌药物研发方面取得了显著成绩，如前面讲到的前沿生物和正大天晴，各自推出了拥有独立知识产权的抗癌药物，未来在生物制药领域也会有更多的抗癌药物出现，这些握有抗癌药物的企业会成为资本竞相追逐的标的。

2. 关注技术迭代与升级

在基因工程领域，胰岛素的迭代是一个需要重点关注的方向。目前，糖尿病病人数量呈现上升态势，外源性胰岛素仍是治疗糖尿病最有效的方法。我国已经成为糖尿病病人数量最大的国家，有超过1亿的糖尿病患者。未来数年内，胰岛素市场仍然十分广阔，但胰岛素市场的竞争非常激烈，且大部分市场被国外制药巨头垄断。国内的胰岛素生产企业目前以甘李药业、通化东宝、联邦制药为主。正大天晴和恒瑞制药也在积极切入胰岛素市场，投资者可留心其研发动态。

3. 关注垄断性产品

垄断性产品总能为企业带来超额利润。国内生物制药企业规模较小，相对国外制药巨头来说，技术水平较低，很少有垄断性产品出现。长春高新旗下的金赛药业研发出的长效生长激素，作为一种首创药物填补了国际市场的空白，完成了对生长素市场的垄断。由于血液制品的特殊属性，加之国家对采血点的严格管控，使得几大血液制品公司在市场上具有了一定的垄断优势，华兰生物、上海莱士都获得了不菲的收益。

三、生物制药企业——长春高新

长春高新是一只经典的10年10倍大牛股，也是生物制药领域值得关注的一只股票。长春高新技术产业（集团）股份有限公司的主营业务以生物医药、健康产业为主，房地产开发为辅。该公司旗下的金赛药业研发的重组人生长激素系列产品，占据了很大的市场份额，生长激素产品的垄断性优势为该企业带来了巨大的利润。

1. 基本产品线与盈利构成

长春高新是多元化的公司，旗下子公司中以生物制药企业为主，其中持股70%的金赛药业又是主要的利润贡献者。长春高新的产品销售与利润占比情况如表 6-1 所示。

表 6-1　长春高新产品及收入构成（2018 年度）

业务名称		营业收入（元）	收入比例	营业成本（元）	成本比例	利润比例	毛利率
按行业	制药业	47.50 亿	88.38%	4.55 亿	57.46%	94.12%	90.41%
	房地产	6.05 亿	11.26%	3.37 亿	42.54%	5.88%	44.31%
	服务业	1 930.28 万	0.36%	–	–	–	–
按产品	基因工程药品 / 生物类药品	42.23 亿	78.56%	3.34 亿	42.14%	85.22%	92.09%
	房地产	6.05 亿	11.26%	3.37 亿	42.54%	5.88%	44.31%
	中成药	5.28 亿	9.81%	1.21 亿	15.31%	8.90%	77.00%
	服务业	1 930.28 万	0.36%	–	–	–	–

从表 6-1 中可以看出，长春高新整个产品线的重心在制药产业和房地产业上，其中基因工程类药品的收入占比高达 78.56%，利润占比更是高达 85.22%，可以说长春高新是一家偏重生物制药的企业。长春高新控股 70% 的金赛药业是长春高新的“现金奶牛”。若长春金赛的股权出现变动，将会直接影响长春高新的效益。2019 年 3 月 6 日，长春高新发布公告，准备发行可转换债券收购金赛药业其余 30% 的股权。若金赛药业的股权关系理顺，将会为长春高新注入新的发展动力。

2. 财务指标分析

长春高新前几年的财务与收益数据情况如表 6-2 所示。

表 6-2　长春高新财务数据

时间	2018	2017	2016	2015	2014
每股收益（元）	5.92	3.89	3.08	2.93	2.42
净利润增长率	52.05%	36.53%	26.11%	20.84%	12.08%
营业总收入（亿元）	53.75	41.02	28.97	24.02	22.62
每股净资产（元）	31.13	26.02	22.93	13.54	11.12
净资产收益率	20.85%	15.99%	15.62%	23.9%	23.55%

注：2015 年、2016 年、2017 年、2018 年均有大幅分红情况。

通过表 6-2 中的数据可以得出以下几个结论。

第一，该股盈利能力较强，且比较稳定，这与其品牌影响力和所处的行业地位密切相关。

第二，该股近年来营收与净利润出现加速上攻迹象，这与金赛药业的重组人生长激素的营收加速放大有关。随着人们对生长激素认识的加深，未来几年内，市场对生长激素的需求将会进一步扩大，金赛药业作为该领域的龙头，其营收还将进一步放大。

第三，该股的净资产收益率一直维持在 20% 左右的水平，属于非常好的水平。

3. 资产质量分析

从长春高新的财务报表可以看到该股的资产负债情况。截至 2018 年年底，该公司的资产负债率仅为 30% 左右，且手中握有较为丰厚的现金。相对其他绩优生物制药企业而言，该负债率并不低，但考虑到长春高新还有一部分房地产业务，这一负债率也处于相对较低的水平。

4. 成长性与估值

综合对长春高新财务数据的解读可以看出，该股属于盈利能力较强的绩优股，且成长空间十分广阔。若以 2018 年年底的每股收益 5.92 元为基准，并以 50% 的净利润增长率计算，2019 年的每股收益为 8.88 元，2020 年的每股收益为 13.32 元。一般情况下，医药行业按 30 倍左右的市盈率估值，但考虑到长春高新未来几年的成长空间极大，可以将估值水平放大至 50 倍（特别是考虑到长春高新可能将金赛药业全部股权收入囊中），则该股 2019 年的合理估值应该在 444 元左右（可能在很多投资者看来，这个价格偏高了，但处于快速增长期的股票往往都能获得较高的估值）。长春高新的股价走势如图 6-1 所示。

2019 年年初，长春高新的股价随着即将收购金赛股份剩余 30% 股权消息的影响而迅速走高，2019 年 7 月中旬，股价收盘价为 336 元。该股股价在 A 股市场上属于仅次于贵州茅台的第二高价股。鉴于之前的分析，该股股价在 2019 年年底很有可能会突破 400 元价位（2019 年 9 月 26 日已突破），因此，当前的高价也并不是很高。

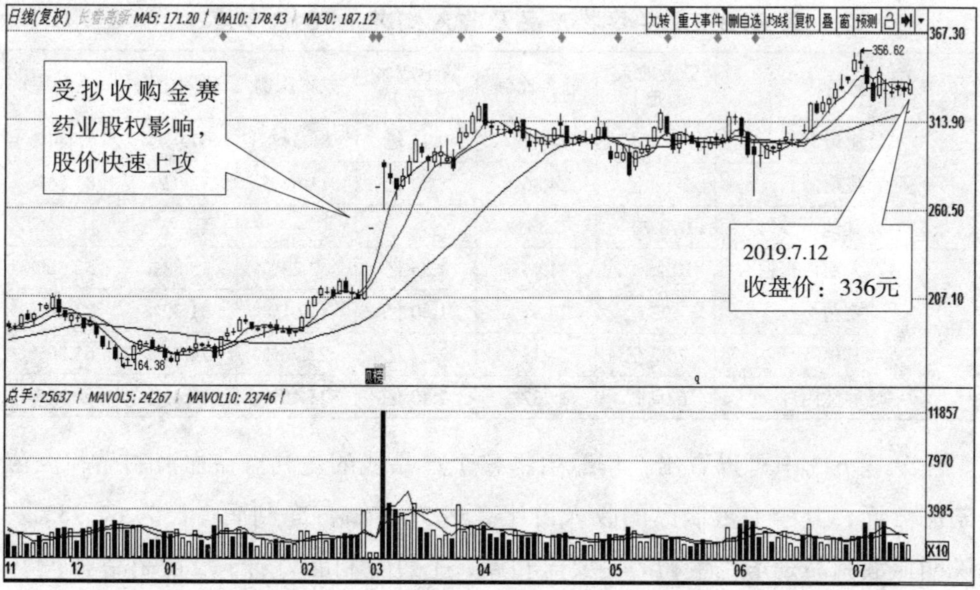

图 6-1 长春高新（000661）日 K 线走势图

四、生物制药企业——华兰生物

华兰生物是一家主要从事血液制品、菌疫苗的生产和销售的公司。该公司的主要产品包括人血白蛋白、静注人免疫球蛋白（PH4）、人凝血酶原复合物、人凝血因子Ⅷ等。公司目前生产规模、市场占有率均居行业前列，成为血液制品、疫苗产品行业的龙头企业。目前，华兰生物的主要业务包括血液制品类、疫苗类和单抗业务。该公司是国内生产血液制品种类多、品规全、血浆利用率高的企业之一，其四价流感疫苗获批上市，占据有利市场地位；单抗业务主要通过参股公司华兰基因工程完成，由于尚处于临床试验阶段，因此并未上市销售。

1. 基本产品线与盈利构成

华兰生物是以血液制品、疫苗产业为主营业务的生物制药公司。华兰生物的参股公司华兰基因工程开始布局单抗业务，未来也可能成为企业业绩新的增长点。华兰生物的产品销售与利润占比情况如表 6-3 所示。

表 6-3　华兰生物产品及收入构成（2018 年度）

业务名称		营业收入（元）	收入比例	营业成本（元）	成本比例	利润比例	毛利率
按行业	血液制品	24.08 亿	74.87%	9.91 亿	88.38%	67.98%	58.84%
	疫苗制品	7.98 亿	24.80%	1.30 亿	11.62%	32.02%	83.66%
	其他	1 073.79 万	0.33%	–	–	–	–
按产品	人血白蛋白	10.25 亿	31.95%	4.85 亿	43.23%	25.88%	52.66%
	疫苗	7.98 亿	24.85%	1.30 亿	11.61%	31.99%	83.66%
	其他	7.82 亿	24.38%	2.67 亿	23.76%	24.71%	65.89%
	静注丙球	6.04 亿	18.82%	2.40 亿	21.40%	17.43%	60.21%

从表 6-3 中可以看出，华兰生物整个产品线的盈利点在血液制品和疫苗制品方面，其中血液制品的收入占比高达 74.87%，净利润占比为 67.98%，说明血液制品是华兰生物的主要盈利点，不过盈利能力弱于疫苗制品。

2. 财务指标分析

华兰生物前几年的财务与收益数据情况如表 6-4 所示。

表 6-4　华兰生物财务数据

时间	2018	2017	2016	2015	2014
每股收益（元）	1.23	0.88	0.84	1.01	0.93
净利润增长率	38.83%	5.19%	32.45%	9.42%	13.27%
营业总收入(亿元）	32.17	23.68	19.35	14.72	12.43
每股净资产（元）	5.94	5.02	4.54	6.29	5.85
净资产收益率	22.36%	18.48%	19.85%	16.72%	16.66%

注：2015 年、2016 年、2017 年、2018 年均有大幅分红或配股情况。

通过表 6-4 中的数据可以得出以下几个结论。

第一，该股盈利能力较强，但最近几年出现了起伏，这与血液制品行业的波动有关。由于血液制品是华兰生物的营收主力，因而出现波动也是正常现象。从总体上来说，血液制品仍处于供不应求状态，未来仍有十分广阔的发展空间，华兰生物作为血液制品的龙头，营收必然会放大。

第二，该股近年来营收出现了稳定放大迹象，且 2018 年有加速迹象，未来可望保持 25% 左右的营收与净利润增长率。若华兰基因工程的单抗系列产品上市，可望迎来业绩拐点。尽管华兰生物只持有华兰基因工程 40% 的股权，但华兰基因工程的另一大股东与华兰生物实际控制人同为安康。

第三，该股净资产收益率一直维持在20%左右的水平，属于非常好的水平。

3. 资产质量分析

从华兰生物的财务报表可以看到该股的资产负债情况。截至 2018 年年底，该公司的资产负债率仅为 10% 左右，且手中有一定数量的现金，这一负债率相对处于较低的水平。考虑其拥有的血站数量、采血量，以及该公司在血液制品领域的地位，可以判断该股未来仍有广阔的成长空间。若疫苗业务和单抗业务发力，该股的收益将会明显放大。

4. 成长性与估值

综合对华兰生物财务数据的解读可以看出，该股属于盈利能力较强的绩优股，且成长空间仍然十分广阔。若以 2018 年年底每股收益 1.23 元为基准，并以 25% 的净利润增长率计算，2019 年的每股收益为 1.54 元（配股后为 1.03 元），2020 年的每股收益为 1.92 元（配股后为 1.28 元）。按医药行业 30 倍左右的市盈率估值，该股 2019 年的合理估值应该为 30.9 元，若将市盈率放大至 40 倍，则估值为 41.2 元。华兰生物的股价走势如图 6-2 所示。

华兰生物的股价 2019 年随大盘波动出现了震荡上升走势，2019 年 7 月 12 日收盘价为 31.97 元。通过之前的分析可知，该股的合理价格在 30.9 ~ 41.2 元之间，也就是说，该股的价格目前处于合理的估值区间。投资者可在股价出现调整或者业绩即将加速时入场建仓。

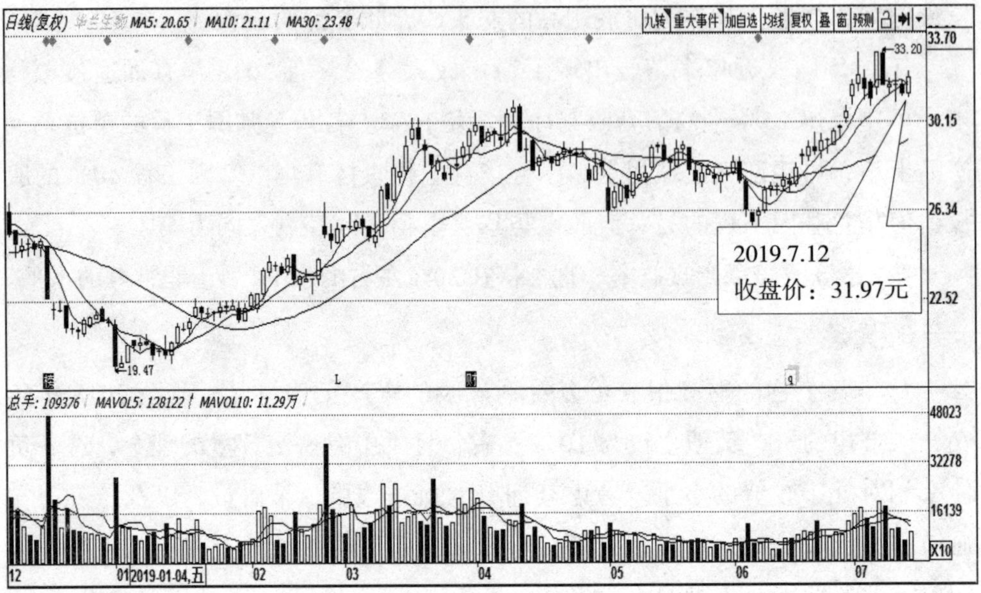

图 6-2　华兰生物（002007）日 K 线走势图

第二节　生物疫苗企业投资逻辑

生物疫苗行业是生物制药领域内的一个重要分支，也是未来疫苗产业的主要发展方向。随着二胎放开以及大众对疫苗的了解与认识不断加深，我国疫苗市场的规模有望快速扩大。

一、生物疫苗行业竞争分析

疫苗行业受国家管控力度较强，是一个相对特殊的行业。

1. 生物疫苗市场格局

位于北京、上海、武汉、长春、成都和兰州的 6 个生物制品研究所，简称“六大所”。为了研究脊髓灰质炎，又设置了昆明医学生物研究所。经过组织机构多次调整后，六大所全部隶属于中国医药集团总公司下的中国生物技术股份有限公司，昆明所隶属于国家卫生健康委员会。六大所连同昆明所一起构成了供应国内疫苗的主要力量。近年来，国外疫苗生产巨头向国内疫苗市场供应了一定数量的二类疫苗，特别是新型疫苗。

2. 生物疫苗的分类

目前市场上的疫苗主要分为一类疫苗和二类疫苗。其中，一类疫苗纳入国家防疫计划，并由国家采购，接种者免费接种；二类疫苗需要接种者自费购买。

第一，一类疫苗。

目前纳入国家防疫计划的一类疫苗共有 14 个品种，可以预防 15 种疾病，包括流脑、乙脑、百白破、乙肝、麻风腮、脊髓灰质炎、卡介苗、甲肝等疫苗。以后纳入防疫计划的疫苗可能会有所增加。一类疫苗主要由中国生物技术股份公司下属各大公司、昆明所完成，民营疫苗企业也提供了部分疫苗产品。

第二，二类疫苗。

二类疫苗涉及的范围相对较广，包括狂犬病、流感、Hib、水痘等。在二类疫苗市场上，民企和外企的影响更大，但国企也占据很大的市场份额。目前各大生物医药公司研发的新型疫苗绝大多数属于二类疫苗。

新型疫苗是采用生物化学合成技术、人工变异技术、分子微生物学技术、基因工程技术等现代生物技术制造出的疫苗，是近年来新发展的疫苗。新型疫苗包括基因工程亚单位疫苗、重组疫苗、合成肽疫苗、基因工程载体疫苗、核酸疫苗和抗独特型抗体疫苗等。

一类疫苗已经纳入国家防疫计划，由各省统一采购，生产量与需求量相对均衡，且售价受国家调控。二类疫苗的管控相对较松，也成为各大疫苗生产企业竞相角逐的核心市场。特别是新型疫苗，对企业业绩的拉动作用相当明显，谁握有新型疫苗，就相当于拥有了一个“现金奶牛”。

3. 生物疫苗市场现状

尽管国内疫苗市场规模逐渐扩大，但存在的问题也比较突出，具体来说包括以下几个方面。

第一，国内疫苗企业生产的疫苗同质化严重。

在一类疫苗市场中，中国生物技术股份有限公司旗下的企业所占份额大约为 90%，其他疫苗企业争夺一类疫苗市场剩余部分和二类疫苗市场。由于生产相同疫苗产品的企业众多，使得竞争异常激烈。

第二，创新不足，仍以仿制为主。

我国疫苗企业规模普遍较小，且没有形成完备的研发与生产体系，使得很多疫苗企业只能提供很少的几个疫苗品种（很多企业只能提供一种疫苗）。这些疫苗品种缺乏创新，所以疫苗企业的效益很难保证。国家防疫计划的推行，使得生产一类疫苗的企业业绩受国家政策影响较大。

第三，受山东疫苗事件以及长生生物事件的影响，疫苗产业的信誉受到影响，整个市场信心的恢复尚需时间。

二、生物疫苗企业基本投资逻辑

鉴于一类疫苗产品大多由国企提供，二类疫苗中部分品种竞争激烈，利润率极低，因此投资者选择生物疫苗企业时，重心应该在寻找新型疫苗产品方面。国内疫苗生产企业研发与创新能力不足，应该从以下两方面寻找可能存在的突破点。

1. 新型疫苗研发

目前，国内企业布局和从事疫苗研发的项目多属于仿制类研发，而非首创式研发。但即使是仿制类创新，若能拿到一些新药的上市许可，也能为企业带来可观的效益。

在新型疫苗领域，目前比较受市场追捧的两类疫苗产品分别是 13 价肺炎和九价 HPV（人乳头瘤）疫苗。大家需要了解一下同一类疫苗的级别，价数越多的疫苗，能够预防的病毒种类越多，所以，越靠后开发的疫苗往往价数越多。例如，九价疫苗就是能够预防九种病毒的疫苗。当然，一种疫苗的价数越多，可能引发的不良反应也会越多。

在 13 价肺炎疫苗方面，目前国内市场仅有辉瑞公司在销售，而沃森生物和康泰生物（民海）的同类仿制疫苗处于即将上市的状态，未来可望给这两家企业带来较为可观的收益。同时，比 13 价肺炎疫苗的市场稍差一点儿的 23 价肺炎疫苗，国内市场上销售的企业则较多，包括康泰生物、沃森生物、成都所等，智飞生物正处于研发状态。

与肺炎疫苗相似的还有 HPV 疫苗，该类疫苗销量最高的为四价 HPV，二价 HPV 也有一定的市场，九价 HPV 最受市场欢迎。目前，国内市场能够提供九价 HPV 疫苗和四价 HPV 疫苗的只有默沙东。国内疫苗企业甚至还没有介入九价 HPV 疫苗的研发，只有成都所启动了四价 HPV 的研发。二价 HPV 处于研发中的企业有沃森生物旗下的上海润泽生物、厦门大学以及厦门万泰沧海生物等。

除了肺炎疫苗和 HPV 疫苗外，其他一些重磅新型疫苗也同样值得关注。如生产四价流感病毒裂解疫苗的华兰生物和金迪克；生产 AC-Hib 三联疫苗的智飞生物（2019 年 4 月因证件到期而暂时停产，后续可以跟进了解复产情况）；生产 DTaP-Hib 四联疫苗的康泰生物。

2. 外企疫苗代理

在新型疫苗市场，大部分市场被国外疫苗巨头垄断，一些独家供应的稀缺疫苗更是如此。因此，取得这些外企独家疫苗在国内的代理权的企业，就成为稀缺的投资标的。例如，智飞生物代理了默沙东的九价 HPV 疫苗和五价重配轮状病毒减毒活疫苗等产品。代理默沙东的疫苗业务每年可为智飞生物带来几十亿元的收入。

3. 关注产品而非当前业绩

有一些涉足重磅新型疫苗产品研发的企业，可能在短期内业绩并不好看，但若其核心产品的研发流程即将走完，则需要考虑这部分产品可能为企业带来的效益。

三、生物疫苗企业——智飞生物

智飞生物是一家主要从事疫苗、生物制品研发、生产和销售的公司。公司主要产品为二类疫苗、治疗性生物制品。目前，智飞生物有 5 类自主产品在售，包括 AC-hib 疫苗（2019 年 4 月子公司暂停该疫苗生产）、ACYW135 流脑多糖疫苗、Hib 疫苗、AC 流脑多糖结合疫苗、微卡，其中三联疫苗（AC-Hib）市场占有率为 100%，ACYW135 流脑多糖疫苗市场占有率为 26.4%；代理默沙东四价 HPV、23 价肺炎、灭活甲肝等疫苗；代理九价 HPV 疫苗获得批签发证明；2019 年 7 月与默沙东签署五价轮状疫苗补充协议，冻干人用狂犬病疫苗获得临床试验批件；受让中东呼吸综合征疫苗。（来源：同花顺软件平台）

1. 基本产品线与盈利构成

通过智飞生物的企业介绍可以了解到，该公司的主要业务分两类：其一，自主研发疫苗产品的销售；其二，代理默沙东疫苗产品。智飞生物的产品销售与利润占比情况如表 6-5 所示。

表 6-5　智飞生物产品及销售收入构成（2018 年度）

业务名称		营业收入（元）	收入比例	营业成本（元）	成本比例	利润比例	毛利率
按行业	生物制品	51.58 亿	100.00%	23.44 亿	100.00%	100.00%	54.56%
按产品	代理产品－二类疫苗	38.88 亿	75.38%	22.83 亿	97.41%	57.03%	41.28%
	自主产品－二类疫苗	12.42 亿	24.07%	5 692.70 万	2.43%	42.10%	95.42%
	治疗性生物制品	2 827.32 万	0.55%	370.35 万	0.16%	0.87%	86.90%

从表 6-5 中可以看出，智飞生物整个产品线的盈利点在代理疫苗和自主疫苗方面，其中代理疫苗的收入占比超过 75%，利润占比为 57%，说明代理默沙东的产品是智飞生物最主要的营业收入和利润来源，不过，代理产品的毛利率仍低于自主研发产品。

从智飞生物的收入和利润占比反映出一个问题，即对默沙东的依赖性较高，未来也会存在一定隐患。

2. 财务指标分析

智飞生物前几年的财务与收益数据情况如表 6-6 所示。

表 6-6　智飞生物财务数据

时间	2018	2017	2016	2015	2014
每股收益（元）	0.91	0.27	0.02	0.25	0.19
净利润增长率	235.75%	1229.25%	−83.53%	33.38%	13.55%
营业总收入（亿元）	52.28	13.43	4.46	7.13	8.01

续表

时间	2018	2017	2016	2015	2014
每股净资产（元）	2.61	1.84	1.58	3.09	3.07
净资产收益率	40.78%	15.85%	1.3%	7.94%	6.12%

通过表 6-6 中的数据可以得出以下几个结论。

第一，该股盈利波动较大，这与疫苗产业本身的行业性质有一定的关系。国家政策的调整以及新产品上市等，都可能对企业的业绩产生影响。

第二，该股近年来营收出现了稳定放大迹象，特别是 2017 年净利润增长率超过 10 倍，2018 年再度上涨 200% 多。该公司的业绩暴涨并不像其他企业因处理资产引发暴涨，而是由于代理默沙东疫苗产品中的核心产品而引发的业绩上涨。在可预见的未来，该公司的业绩可能继续保持较高增长。

3. 资产质量分析

从智飞生物的财务报表可以看到该股的资产负债情况。截至 2018 年年底，该公司的资产负债率为 30% 左右，且手中现金存量有限。考虑其目前处于研究中的项目较多，且获得代理国外医药巨头的产品也有较大的资金需求，因而当前的资产质量已处于比较理想的状态。

4. 成长性与估值

综合对智飞生物财务数据的解读可以看出，该股属于成长性极强的高成长股。若以 2018 年年底每股收益 0.91 元为基准，并以 50% 的净利润增长率计算，2019 年的每股收益为 1.37 元，2020 年的每股收益为 2.05 元。按医药行业 30 倍左右的市盈率估值，则该股 2019 年的合理估值应该为 41.1 元，若将市盈率放大至 50 倍（由于智飞生物手中握有的 HPV 代理权，按 50 倍市盈率估值并不高），则预期价格为 68.5 元。智飞生物的股价走势情况如图 6-3 所示。

智飞生物的股价 2019 年随大盘波动出现了震荡整理走势，到 2019 年 7 月中旬股价已经达到 45.26 元。通过之前的分析可知，该股的合理价格在 41.1 ~ 68.5 元之间，也就是说，该股的价格目前处于合理估值空间偏下的位置，未来继续走高的可能性较大。

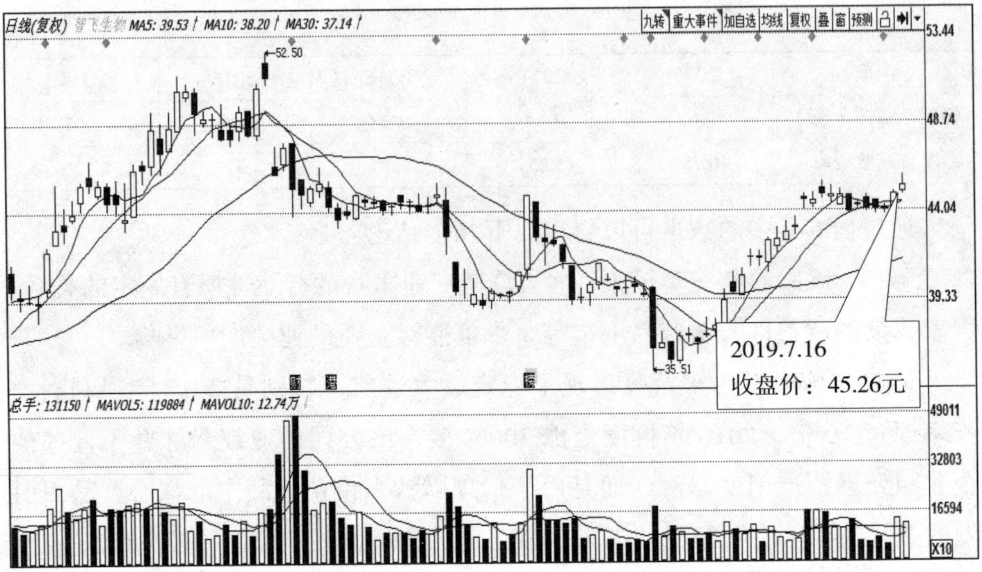

图 6-3　智飞生物（300122）日 K 线走势图

对生物疫苗行业给予较高的估值，源于对其强劲发展能力的看好。若企业的发展速度下滑，则估值基础将不复存在，股价也不可能到达较高的位置。

四、生物疫苗企业——康泰生物

康泰生物主要从事人用疫苗的研发、生产和销售，公司主要产品为二类疫苗、治疗性生物制品。目前主要产品有重组乙型肝炎疫苗（酿酒酵母）（10μg、20μg、60μg 三种规格）、b 型流感嗜血杆菌结合疫苗、麻疹风疹联合减毒活疫苗、无细胞百白破 b 型流感嗜血杆菌联合疫苗等产品。其中，百白破 -Hib 是目前国内唯一的四联疫苗，可同时预防百日咳、白喉、破伤风以及由 b 型流感嗜血杆菌引起的脑膜炎、肺炎、心包炎、菌血症、会厌炎等疾病。该产品也是目前康泰生物的主要利润来源。

另外，公司即将完成研发上市的品种中，有两种可能成为“现金奶牛”的产品：其一，13 价肺炎疫苗，该产品的研发状态略慢于沃森生物，但康泰生物也可能成为国内第二家上市销售该产品的企业；其二，三代狂犬病疫苗即将上市。这两种重磅产品上市后，将会给康泰生物带来大量收益。

1. 基本产品线与盈利构成

通过康泰生物的企业介绍可以了解到，该公司经营的主要业务为疫苗产品，包括一类疫苗和二类疫苗。康泰生物的产品销售与利润占比情况如表 6-7 所示。

表 6-7　康泰生物产品销售与利润构成比例（2018 年度）

业务名称		营业收入（元）	收入比例	营业成本（元）	成本比例	利润比例	毛利率
按行业	生物制品	20.14 亿	100.00%	1.79 亿	100.00%	100.00%	91.12%
按产品	自主产品 - 二类疫苗	19.05 亿	94.59%	1.20 亿	67.22%	97.26%	93.69%
	自主产品 - 一类疫苗	1.09 亿	5.41%	5 861.56 万	32.78%	2.74%	46.18%

从表 6-7 中可以看出，康泰生物整个产品线的盈利点在自主疫苗方面，其中又以二类疫苗为主。一类疫苗的营收和毛利率均低于二类疫苗。其实，这也反映出民营疫苗企业的一个显著特点，即企业的主要盈利来源还要靠自身研发的二类疫苗，毕竟一类疫苗由政府采购，且国企占比较大，民企从中获利有限。

2. 财务指标分析

康泰生物前几年的财务与收益数据情况如表 6-8 所示。

表 6-8　康泰生物财务数据

时间	2018	2017	2016	2015	2014
每股收益（元）	0.7	0.53	0.23	0.17	0.09
净利润增长率	102.92%	149.04%	37.24%	101.59%	1962.96%
营业总收入（亿元）	20.17	11.61	5.52	4.53	3.03
每股净资产（元）	2.78	2.54	1.99	1.75	1.58
净资产收益率	30.94%	22.90%	12.49%	10.21%	6.32%

通过表 6-8 中的数据可以得出以下几个结论。

第一，从净收益情况来看，该股近年来保持了较高的净收益增长率，这也是给予股价高估值的基础。

第二，该股净收益处于极高水平。最近 5 年内，有 4 年的净收益水平超过 100%，特别是 2014 年逼近了 2 000%，说明该股近年来营运情况十分理想。

考虑到13价肺炎即将上市和三代狂犬病疫苗可能给企业带来效益，未来该公司的营收和净利润仍将保持高速增长。

第三，该股近5年的净资产收益率水平平均在15%以上，说明该股的资产质量较高。

3. 资产质量分析

从康泰生物的财务报表可以看到该股的资产负债情况。截至2018年年底，该公司的资产负债率为50%左右，且手中有一定的现金。考虑其目前有两大重磅新品处于研发中，因此其资产质量尚可。

4. 成长性与估值

综合对康泰生物财务数据的解读可以看出，该股属于成长性极强的高成长股。若以2018年年底每股收益0.7元为基准，并以30%的净利润增长率计算，2019年的每股收益为0.91元，2020年的每股收益为1.18元。按医药行业30倍左右的市盈率估值，则该股2019年的合理估值应该为27.3元。若将市盈率放大至50倍（由于疫苗产业的特殊性，加之康泰生物具备研发属性，按50倍市盈率估值并不高），则预期价格为45.5元。康泰生物的股价走势情况如图6-4所示。

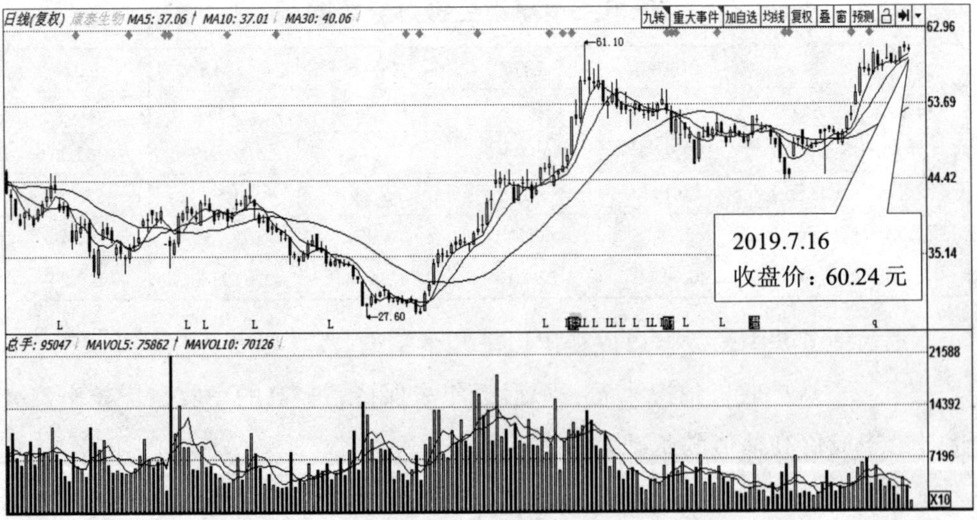

图6-4　康泰生物（300601）日K线走势图

康泰生物的股价2019年随大盘波动出现了震荡整理走势，2019年7月16日收盘价为60.24元。通过前面的分析可知，该股的合理价格在27.3 ~ 45.5元之间。不过，上述估值预测并未考虑未来两大重磅产品落地后给企业带来的实际收益。因此，尽管当前价格高于预测价格，投资者也不宜看空康泰生物的价格，最好能在股价出现回调时进行布局。

五、生物疫苗企业——沃森生物

沃森生物主要从事人用疫苗的研发、生产和销售，公司主要产品为二类疫苗、治疗性生物制品。目前主要产品有23价肺炎疫苗（主打产品）、b型流感嗜血杆菌结合疫苗、A群C群脑膜炎球菌多糖疫苗等。公司的一系列在研新产品中，13价肺炎结合疫苗、HPV疫苗、曲妥珠单抗生物类似药、英夫利昔单抗生物类似药等4个产品已进入了Ⅲ期临床研究阶段，预计2020年前后有望上市销售。这4个重磅产品上市后，将会给沃森生物带来大量收益。

1. 基本产品线与盈利构成

通过沃森生物的企业介绍可以了解到，该公司经营的主要业务为疫苗产品，包括一类疫苗和二类疫苗。沃森生物的产品销售与利润占比情况如表6-9所示。

表6-9　沃森生物产品销售与利润构成比例（2018年度）

业务名称		营业收入（元）	收入比例	营业成本（元）	成本比例	利润比例	毛利率
按行业	自主疫苗	8.26亿	93.92%	1.39亿	100.00%	100.00%	83.20%
	服务收入	4 043.33万	4.60%				
	其他业务收入	1 301.58万	1.48%				
按产品	23价肺炎球菌多糖疫苗	3.16亿	36.43%	2 090.56万	12.49%	42.16%	93.37%
	b型流感嗜血杆菌结合疫苗（预充）	1.76亿	20.31%	1 945.73万	11.63%	22.39%	88.94%
	b型流感嗜血杆菌结合疫苗（西林）	1.04亿	12.06%	1 102.74万	6.59%	13.37%	89.44%

续表

业务名称		营业收入（元）	收入比例	营业成本（元）	成本比例	利润比例	毛利率
按产品	A 群 C 群脑膜炎球菌多糖疫苗	8 008.43 万	9.25%	4 444.28 万	26.56%	5.10%	44.50%
	ACYW135 群脑膜炎球菌多糖疫苗	7 069.27 万	8.16%	2 401.98 万	14.35%	6.68%	66.02%
	冻干 A+C 疫苗群脑膜炎球菌多糖结合疫苗	6 906.35 万	7.97%	992.74 万	5.93%	8.46%	85.63%
	服务收入	4 057.30 万	4.68%	2 863.85 万	17.11%	1.71%	29.41%
	吸附无细胞百白破联合疫苗	986.54 万	1.14%	894.17 万	5.34%	0.13%	9.36%

从表 6-9 中可以看出，沃森生物整个产品线的主要收入和盈利点在 23 价肺炎疫苗项目上，由此可见重磅产品对企业效益的影响。23 价肺炎疫苗的毛利率高达 93.37%，而吸附无细胞百白破联合疫苗的毛利率仅为 9.36%。这与 2018 年终止了吸附无细胞百白破联合疫苗的研发有关。从 23 价肺炎疫苗对沃森生物的收入和贡献可以预想到，13 价肺炎疫苗上市后将会给沃森生物带来多么可观的收益。

2. 财务指标分析

沃森生物前几年的财务与收益数据情况如表 6-10 所示。

表 6–10　沃森生物财务数据

时间	2018	2017	2016	2015	2014
每股收益（元）	0.68	–0.35	0.05	–0.6	0.61
净利润增长率	294.77%	–862.34%	108.38%	–686.3%	199.47%
营业总收入(亿元)	8.79	6.68	5.91	10.06	7.19
每股净资产（元）	2.98	1.97	2.09	1.63	12.32
净资产收益率	26.99%	–18.13%	2.85%	–33.62%	5.11%

通过表 6-10 中的数据可以得出以下几个结论。

第一，从净收益情况来看，该股近年来的营收与净利润情况并不稳定，出现了较大的起伏，这与国家对疫苗行业的整顿以及企业自身产品结构有密切的关系。

第二，2018 年该股净利润出现大幅上涨态势，查看该股的产品结构可知，该股净利润大幅上涨主要源于 23 价肺炎疫苗开始放量。也就是说，该股的这种利润放大是有坚实基础的，未来若其研发的 4 个主力品种能上市并放量，则会将营收和净利润推升至更高的水平。

3. 资产质量分析

从沃森生物的财务报表可以看到该股的资产负债情况。截至 2018 年年底，该公司的资产负债率不到 30%，且手中有超过 24 亿元的现金。考虑其目前有 4 个重磅新品处于研发中，资产质量尚可。

4. 成长性与估值

综合对沃森生物财务数据的解读可以看出，该股属于成长性极强的高成长股。以 2018 年年底每股收益 0.68 元为基准（由于该股 2018 年的净利润中大部分为非经常损益，扣除这部分损益后，每股收益为 0.079 元），并以 100% 的净利润增长率计算，2019 年的每股收益为 0.16 元，2020 年的每股收益为 0.32 元。一般情况下，医药行业按 30 倍左右的市盈率估值，但沃森生物的情况非常特殊，考虑其未来的增长率，可以给予较高的估值。若按 100 倍估值计算，则 2019 年年底的股价应该在 16 元左右。沃森生物的股价走势情况如图 6-5 所示。

沃森生物的股价 2019 年随大盘波动出现了震荡整理走势，2019 年 7 月 17 日收盘价为 28.05 元。通过之前的分析可知，该股的合理价格为 16 元左右。不过，上述估值并未考虑未来 4 个重磅产品落地后给企业带来的实际收益。因此，尽管当前价格高于预测价格，投资者也不宜看空沃森生物的价格，最好能在股价出现回调时进行布局。

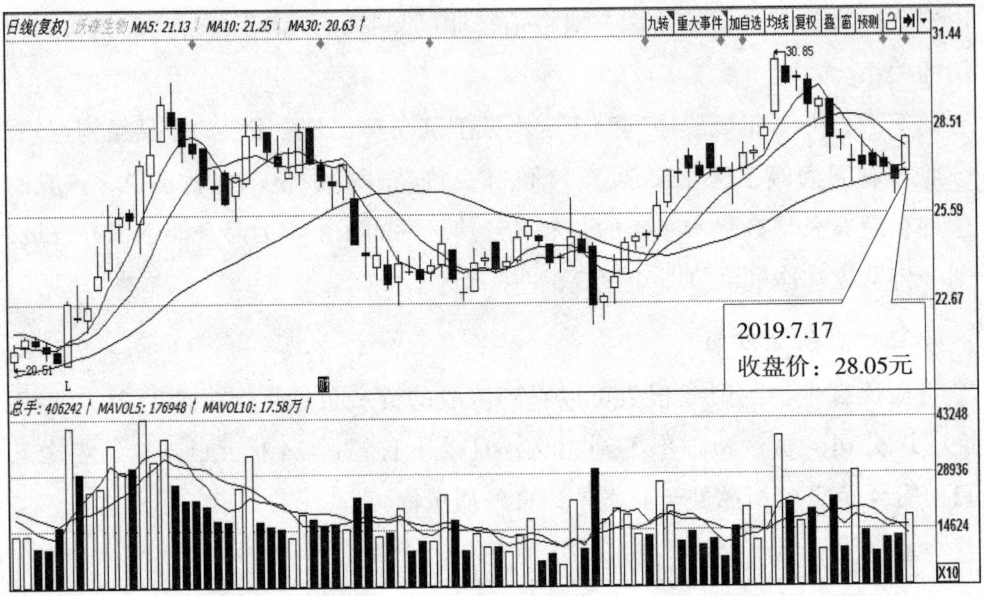

图 6-5　沃森生物（300142）日 K 线走势图

投资生物疫苗类股票时需要注意两点：其一，政策因素，国家对疫苗的管控力度较强，疫苗签批量近年出现了下滑态势，缺乏竞争力的企业会面临比较困难的局面；其二，行业因素，长生生物事件对整个疫苗产业的影响较大，这类事件会对行业造成严重冲击；其三，无论是疫苗企业还是其他企业，本书所做的分析与预测都是建立在各家企业发布的财报及相关报告基础之上，且默认这些数据和信息是真实可靠的，若企业发布的信息或数据存在造假或其他情况，则可能会对企业的估值产生较大的影响。

对疫苗企业的估值高低与企业掌握的核心重磅产品有关，而非当前的业绩。毕竟，当前的巨额研发投入是有可能在未来兑换巨额产出和收益的。反之，即使当前营收和利润较佳，但若没有在研重磅产品，也无法给予较高的估值，这也是对所有高科技企业的估值逻辑。若是一些中医药或保健品、消费品企业，则不能采用这种估值方法。

第七章

医疗器械企业投资研究

医疗器械是一个相对特殊的多学科交叉兼具知识与技术密集型的产业。医疗器械行业往往与最新的多学科科技研究成果紧密联系，是体现一个国家高端制造业与综合科技实力的产业。

医疗器械行业包括很多细分行业，如医学影像、体外诊疗器械、康复设备、高值医用耗材、家用医疗器械、心血管器械、神经外科器械、骨科器械、医疗信息化、低值易耗品等。由于分类方法不同，医疗器械的分类也有所不同，存在交叉。

从国际市场来看，每年医疗器械的销售收入与药品销售收入之比大约为1:2，国内市场比值为1:4，说明国内医疗器械市场还有很大的成长空间。医疗器械行业又以医学影像、体外诊疗器械、高值医用耗材等最为重要。随着老龄化社会的到来以及医疗改革的提速，医疗器械行业将迎来一个划时代的大发展机会，国产医疗器械厂商在研发领域的投入逐渐增加，国产替代的最佳机遇已经到来。在这个大机遇面前，最终的赢家一定属于少数领先企业。

第一节　医学影像行业投资逻辑

医学影像设备是指为了医疗或医学研究，对人体或人体某个部位，以非侵入式取得内部组织影像的医疗设备。医学影像设备作为医疗机构最重要的诊断辅助设备，一直以来占据医疗机构设备采购的大部分份额。大家最容易了解和认识的医学影像设备包括 CT 系统和医用 X 光机等。

一、医学影像行业竞争分析

医学影像设备的研发与生产属于典型的高精尖技术。长期以来，该行业的国际市场被国外医学影像设备巨头所垄断，如西门子、通用电气和飞利浦，3 家公司占据了绝大多数市场份额。在国内市场，这些医学影像巨头也占据了较高的市场份额。近年来，随着国内医学影像设备生产企业的奋起直追，已经占据了部分市场，但在整个医疗器械行业，医学影像子行业仍是被跨国巨头垄断度较高的一个。

医学影像设备领域具有如下几个典型特点。

第一，在国内市场上，跨国医学影像设备制造商占据了 75% 左右的市场份额，特别是大中城市的三级医院使用的医学影像设备，多是由跨国医学影像设备制造商生产的。由于国内医学影像设备制造商生产的设备具有明显的价格优势，因而在基层市场享有较高的市场占有率。

第二，近年来，国内医学影像设备制造商的技术实力获得了较大提升，开始抢夺跨国企业的市场份额。特别是 2015 年《国务院办公厅关于推进分级诊疗制度建设的指导意见》发布后，设立第三方独立的医学影像中心机构受益于该政策，基层医学影像市场有望获得较为快速的扩张。目前市场上在医学影像领域表现比较突出的企业包括上海联影、万东医疗、开立医疗、迈瑞医疗等。

第三，人工智能技术开始切入医学影像领域，使得医学影像的诊断准确度大幅提升。

第四，医学影像市场的竞争可能会日益激烈，并逐渐从蓝海变成红海，高毛利率的时代可能一去不复返。

二、医学影像企业基本投资逻辑

医学影像是需要投资者特别关注的、技术含量相对较高且有一定技术壁垒的分支。

1. 医学影像企业分类

医学影像企业包括但不限于以下 5 类。

第一，磁共振（MR）设备。

这是医学影像领域市场最大的一个分支，同时也是技术壁垒较厚的一个分支。该领域目前仍由通用、西门子、飞利浦、日立、东芝等跨国巨头主导，但上海联影、奥泰医疗已经能够接近飞利浦的市场份额。在这一分类中，上海联影已经实现关键零部件的自产，同时拥有 1.5T、3.0T 超导磁体的能力，这也可能是未来国内医学影像设备企业的重点突破方向。

第二，CT 系统设备。

在 CT 研发与制造领域，上海联影已经能够接近通用、西门子、飞利浦的水平，在国内属于第一梯队。同时，东软医疗在 CT 系统设备领域也有一定的市场份额。

第三，DR（直接数字平板 X 线成像系统）领域。

在这一分类中，万东医疗、上海联影以及三大跨国巨头都有涉猎，竞争比较激烈，国产化率达到 75% 左右。

第四，彩超系统。

这也是国产化率相对较低的一个领域，目前迈瑞医疗和开立医疗在国内市场占据了一定的份额。

第五，软性内窥镜。

这一领域，开立医疗拥有内窥镜体精密机械设计与装配、微小成像光学系统设计与装配等技术。不过，这一领域的国产化率仅为 10%，未来还有很大的提升空间。

2. 寻找值得投资的标的

投资者可从以下两个方面寻找投资标的。

第一，关注技术突破。

医学影像设备制造领域，特别是高端医学影像设备领域，是一个技术壁垒非常坚固的领域，目前大部分市场被跨国巨头掌握。对于国内医学影像企业而言，谁能率先攻克技术壁垒，谁就可能获得更多的超额利润。

第二，关注收入规模。

很多上市公司为了稳定或拉升股价，往往会宣称已经介入某一领域，而医学影像无疑是一个重要的噱头。作为价值投资者而非短期投机者，需摒弃这种炒作观念，从企业的营收占比和数据中找出相关业务的营收规模。当然，有一些医学影像企业对某些技术尚处于攻关阶段，投资者可给予重视，同时要与概念炒作相区分。

三、医学影像企业——上海联影

在医学影像市场，上海联影是一个需要特别关注的对象，尽管目前该企业还没有上市。上海联影医疗科技有限公司是专业从事高端医疗影像设备及相关技术研发、生产、销售的高新技术企业。

有 1 000 亿元规模的医学影像市场，大部分份额被跨国巨头所垄断，特别是高端医学影像，更是国外巨头的天下。近年来，上海联影奋起直追，在多个核心技术领域都有了质的突破，相关技术储备已经显著超越传统厂商。特别是自主研发的医学影像诊断设备，涵盖了分子影像（MI）、磁共振（MR）、计算机断层扫描仪（CT）、X 射线等产品。上海联影目前拥有一款 3.0T 超导型磁共振系统和两款 1.5T 超导型磁共振系统：uMR770、uMR560、uMR570，上海联影是第一家取得 3.0T 超导型磁共振设备注册证的国产品牌。

2017 年，上海联影医疗科技有限公司 A 轮融资 33 亿元，估值达 333 亿元，这在一定程度上体现了市场对高端国产医疗影像设备突破的信心与期待。目前，上海联影每年的营收在几十亿元左右，还拥有很大的提升空间。同时，该公司存在登陆科创板的可能，投资者可以留心一下该企业的后续动作。

四、医学影像企业——迈瑞医疗

迈瑞医疗是整个医疗器械市场上营收规模最大的企业，主营业务涵盖生命信息与支持（心脏检测仪、麻醉机）、体外诊断板块（血液细胞分析仪、生化分析仪）、医学影像板块（台式彩超）等。

作为国内最大的医疗器械生产厂商，迈瑞医疗在国内设有30多个分公司，覆盖11万家医疗结构和90%以上的三甲医院。同时，迈瑞医疗还是国内医疗健康行业中为数不多的研发费用超过10亿元（2018年的研发费用为12.67亿元），研发费用占比接近营收10%的企业。迈瑞医疗还在境外拥有40多家子公司。在研发投入方面，迈瑞医疗远远超过医疗器械行业内的其他竞争对手。正是源于不断地对研发进行投入，才使得迈瑞医疗保持了强大的竞争能力。

1. 基本产品线与盈利构成

通过迈瑞医疗的企业介绍可以了解到，该公司的主要业务分为3类：其一，生命信息与支持系统的销售；其二，体外诊疗设备销售；其三，医学影像设备销售。迈瑞医疗的产品销售与利润占比情况如表7-1所示。

表7-1　迈瑞医疗产品销售与利润构成比例（2018年度）

业务名称		营业收入（元）	收入比例	营业成本（元）	成本比例	利润比例	毛利率
按行业	医疗器械行业	137.10亿	100.00%	45.83亿	100.00%	100.00%	66.57%
按产品	生命信息与支持类产品	52.24亿	38.10%	17.91亿	39.09%	37.61%	65.71%
	体外诊断类产品	46.26亿	33.74%	16.60亿	36.22%	32.49%	64.12%
	医学影像类产品	35.97亿	26.24%	10.43亿	22.76%	27.98%	71.00%
	其他类产品	2.63亿	1.92%	8 867.88万	1.93%	1.92%	66.35%

从表7-1中可以看出，迈瑞医疗整个产品线的盈利点比较均衡，基本形成了生命信息与支持类产品、体外诊断类产品和医学影像类产品“三驾马车”并行的态势，且这三类产品最低的营收也超过了35亿元。这种情况说明迈瑞医疗的营收规模较大并非是靠某一单类产品的营收促成的，而是众多产品合力的结果。

从毛利率来看，迈瑞医疗的毛利率相对较高，且较为稳定，未来还有望继续保持当前的营收和毛利水平。

2. 财务指标分析

迈瑞医疗前几年的财务与收益数据情况如表7-2所示。

表 7-2　迈瑞医疗财务数据

时间	2018	2017	2016	2015	2014
每股收益（元）	3.34	2.37	1.61	0.98	–
净利润增长率	43.65%	61.78%	75.9%	–33.08%	–
营业总收入（亿元）	52.28	13.43	90.32	80.13	78.36
每股净资产（元）	12.47	6.05	4.13	18.21	–
净资产收益率	42.16%	47%	28%	10%	–

通过表 7-2 中的数据可以得出以下几个结论。

第一，该股盈利波动较大，这与该股上市时间较短，需要进行财务调整有关。

第二，该股营收的净收益增长率在 2017 年达到高点后出现增速减弱迹象，这与其规模持续放大、市场放大出现困难有关。同时，未来净利润增速也存在放缓的可能，除非有新的具有开创性的产品上市。

3. 资产质量分析

从迈瑞医疗的财务报表可以看到该股的资产负债情况。截至 2018 年年底，该公司的资产负债率为 30% 左右，且手中有超过 100 亿元的现金。每年投入研发的费用超过 10 亿元，能够保证该公司在未来数年保持强大的竞争力。不过，该公司的资产也存在一定的隐患，即商誉太高。截至 2018 年年底，商誉价值高达 13.76 亿元。巨大的商誉可能会为企业的持续增长带来沉重的负担。投资者在为该股估值时，应该考虑这一隐患。

4. 成长性与估值

综合对迈瑞医疗财务数据的解读可以看出，该股属于业绩优良的高成长股。若以 2018 年年底的每股收益 3.34 元为基准，并以 20% 的净利润增长率计算（由于市场占有率较高，未来进一步扩大市场占有率将会非常困难），2019 年的每股收益为 4 元，2020 年的每股收益为 4.8 元。一般情况下，医药行业按 30 倍左右的市盈率估值，则该股 2019 年的合理估值应该在 120 元左右。迈瑞医疗的股价走势情况如图 7-1 所示。

尽管在 2019 年大盘出现了一定的起伏，但迈瑞医疗的股价仍保持了震荡上升态势，说明市场资金对该股未来发展看好。该股属于典型的绩优股，且在医疗器械市场占有较高的份额，因而成为各家基金公司的宠儿。不过，前面对该股的盈利进行过预测，至 2019 年年底的合理估值在 120 元左右。但该股股价在 2019 年 7 月 2 日就已经上涨至 175 元附近，说明由于资金的追捧，股价存在高估倾向。一般情况下，偏向价值投资的投资者不宜追涨买入该股，而应在其回调时择机入场，当其股价低于 120 元，且能够保持 20% 以上增速时，择机加大仓位。

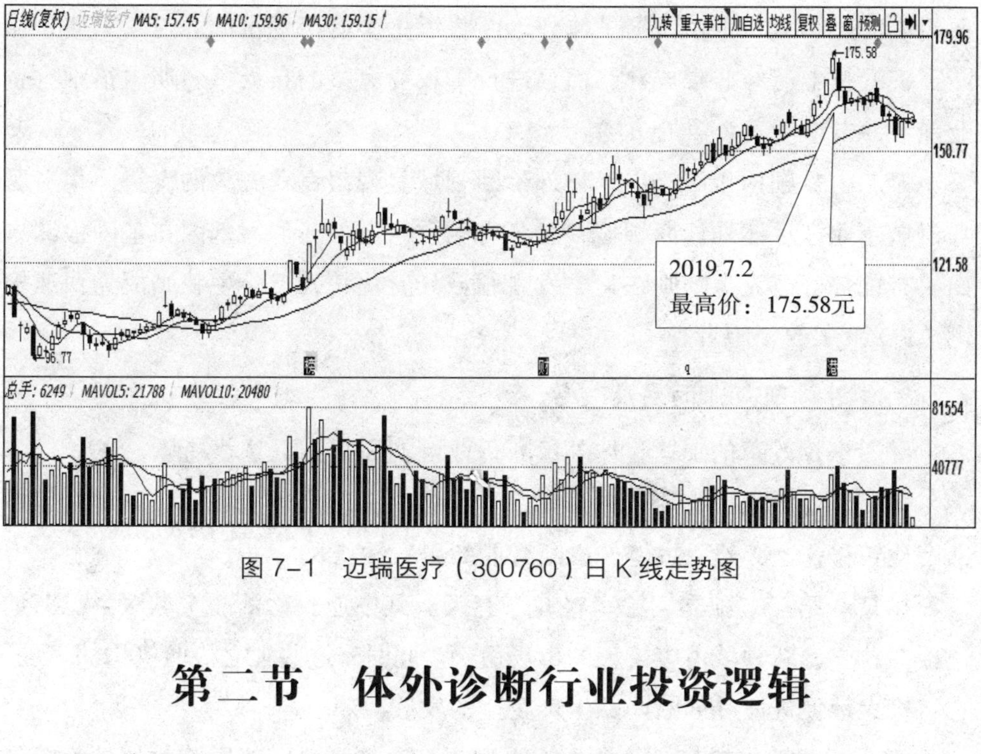

图 7–1　迈瑞医疗（300760）日 K 线走势图

第二节　体外诊断行业投资逻辑

体外诊断即 IVD，是指在人体之外通过对人体样本（血液、体液、组织等）进行检测而获取临床诊断信息，进而判断疾病或机体功能的产品和服务。目前，体外诊断产品主要包括体外诊断设备和体外诊断试剂两类。

体外诊断设备大致包括：临床化学分析仪器、免疫化学分析仪器、血液分析仪器、微生物分析仪器；体外诊断试剂大致包括：生化诊断试剂、免疫诊断试剂、分子诊断试剂、微生物诊断试剂、尿液诊断试剂、凝血类诊断试剂、血液学和流式细胞诊断试剂等。

一、体外诊断行业竞争分析

随着精准医疗的推广，作为其基石的体外诊断领域将会越来越受到重视。近年来，我国体外诊断行业的发展速度远远超过世界平均水平。

1. 体外诊断行业的特征

总体来说，体外诊断行业呈现出了以下几个显著特征。

第一，从全球市场来看，跨国巨头仍占据绝对的垄断地位。其中，罗氏、西门子、丹纳赫、雅培占据了体外诊断将近一半的市场份额。这 4 家体外诊断巨头的技术已经非常成熟，而且进行了较为完整的布局，短期内很难有企业能够冲击这 4 家企业的市场。

第二，从国内市场来看，体外诊断领域呈现出百花齐放的态势。很多医疗器械企业涉足体外诊断领域，且各有侧重。例如，华大基因在基因检测方面具有优势，迈克生物则在化学发光领域具有优势，万孚生物则成为快速检测（POCT）的领跑者。

2. 体外诊断行业的发展趋势

随着医疗改革的加速，体外诊断行业可能面临如下显著趋势。

第一，受分级医疗制度的影响，检验量将向基层下沉，三级医院由普检向特检转移，这必然引发体外诊断行业的爆发性增长。

第二，第三方独立实验室将迎来春天。其中迪安诊断、金域医学、艾迪康检在独立诊断领域占有较大的市场份额。同时，这些独立检验机构的发展，也将极大地促进体外诊断产品生产企业的发展。

第三，两极化趋势愈演愈烈。大型医院，特别是三级医院对体外诊断产品的需求走向高端化，即高通化、高效率、高敏感度方向；而基层医院以普及检验设备为主，其需求以质量稳定、价格适中为主。

第四，随着国内体外诊断设备企业技术水平的不断提升，与跨国巨头之间的差距越来越小，国产替代国外巨头产品的趋势越发明显，特别是中低端产品几乎已经完全替代。

二、体外诊断企业基本投资逻辑

前面介绍过，体外诊断领域将会迎来爆发式增长，不过，由于很多企业在各自细分领域建立了相对的优势地位，显得该领域的竞争较为分散，并未形成强大的龙头。正因如此，投资者需要密切关注各细分领域的龙头能否成长为整合整个体外诊断领域的大龙头。

1. 体外诊断具有潜力的细分领域

未来若干年内，投资者需要重点关注以下几个细分领域。

第一，老龄化。

老龄化社会的到来，老年人口的体检与体外诊断市场将会大大扩充，因而主攻该领域的企业将会受益。

第二，妇幼检测领域。

随着全面放开二胎和鼓励生育政策的出台，未来从事该领域检测诊断设备生产的企业将会受益，如万孚生物。

第三，即时检测（POCT）领域。

随着第三方检测机构以及家庭康复的兴起，对检测时效性的要求越来越高，即时检测领域也将迎来快速发展良机。代表性企业包括万孚生物、理邦仪器等。

第四，免疫诊断和基因测序将成为重要风口。

免疫诊断产品是目前体外诊断行业中最大的细分领域，其中既包括普通酶免，也包括化学发光免疫检测，比较典型的企业包括安图生物等。基因测序则被认为是最有潜力的一种检测手段。随着创新靶向药物的临床应用，需要 IVD 检测数据作为基础，未来基因检测将会迎来快速增长期，投资者可重点关注华大基因和贝瑞基因等。

2. 选择体外诊断领域企业的关注要点

第一，由于体外诊断领域的细分子行业非常多，几乎在每个子行业都存在一定的竞争，使得整个体外诊断领域的竞争日趋白热化。同时，除了个别子行业的技术壁垒较厚，仍被跨国巨头控制外，大部分子行业的国产替代率都处于较高水平，这也使得竞争更为激烈。从整体上来说，大部分体外诊断企业的毛利率并不算高。未来，随着竞争的加剧，我们希望找到一些在细分子行业中占据绝对优势的企业。

第二，在众多体外诊断子行业中，基因检测以及化学发光免疫检测是国产替代率最低的一个分支，也是最有潜力和技术壁垒较厚的一个分支，未来体外诊断行业的国内领军企业很有可能从该领域诞生。

三、体外诊断企业——安图生物

郑州安图生物工程股份有限公司的主营业务是体外诊断试剂及其配套仪器的研发、生产和销售，公司主要产品为免疫类诊断试剂、微生物检测试剂、生化检测试剂、化学发光免疫分析仪、酶标仪、联检分析仪、洗板机、全自动化学发光测定仪、自动化血培养系统等。目前，安图生物是国内化学发光领域的领军者，且该公司凭借优质自产生物原材料和一流的流水线，成为有能力和国外企业全面对抗的国产品牌。该公司成功发布的首款流水线，抢滩 2 500 家核心目标医院，平台价值显著。

1. 基本产品线与盈利构成

通过安图生物的企业介绍可以了解到，该公司的主要业务为体外诊断业务，具体可以分为两类：其一，诊断试剂销售；其二，体外诊断仪器销售。安图生物的产品销售与利润占比情况如表 7-3 所示。

表 7-3　安图生物产品销售与利润构成比例（2018 年度）

业务名称		营业收入（元）	收入比例	营业成本（元）	成本比例	利润比例	毛利率
按行业	体外诊断	18.65 亿	100.00%	6.00 亿	100.00%	100.00%	67.82%
按产品	试剂类	16.20 亿	86.84%	4.15 亿	69.11%	95.26%	74.39%
	仪器类	2.45 亿	13.16%	1.85 亿	30.89%	4.74%	24.42%

从表 7-3 中可以看出，安图生物整个产品线比较简单，主要分成两大类，即试剂类和仪器类。其中，试剂类产品的销售收入远超仪器类，同时，在毛利率方面，试剂类产品也大幅高于仪器类产品，说明试剂类产品是支撑整个安图生物利润的基础。从毛利率来看，安图生物的试剂类产品的毛利率相对较高，且较为稳定，未来有望继续保持当前的营收和毛利水平。

2. 财务指标分析

安图生物之前几年的财务与收益数据情况如表 7-4 所示。

表 7-4 安图生物财务数据

时间	2018	2017	2016	2015	2014
每股收益（元）	1.34	1.06	0.89	0.74	0.55
净利润增长率	25.98%	27.68%	25.8%	33.52%	67.82%
营业总收入（亿元）	19.3	14	9.8	7.16	5.63
每股净资产（元）	4.59	3.97	3.92	1.9	1.33
净资产收益率	32.2%	27.68%	32.22%	46.36%	49.97%

通过表 7-4 中的数据可以得出以下几个结论。

第一，从每股收益及净利润增长率来看，该股的收益增速较为稳定。近年来随着市场占有率的提升，净利润增长率有所下滑也是正常现象。

第二，从营业总收入来看，该股截至 2018 年的年度总收入为 19.3 亿元，未来还有很大的成长空间。

第三，从净资产收益率来看，该股的净资产收益率在 30% 左右，属于收益能力较强的股票，是较佳的投资标的。

3. 资产质量分析

从安图生物的财务报表可以看到该股的资产负债情况。截至 2018 年年底，该公司的资产负债率不到 30%。不过，该企业手中的现金余量不足，有可能影响其后的发展。同时，该企业每年投入研发的费用不多，也可能制约其后的发展。

4. 成长性与估值

综合对安图生物财务数据的解读可以看出，该股属于业绩优良的高成长股。若以 2018 年年底的每股收益 1.34 元为基准，并以 25% 的净利润增长率计算（由于市场占有率较高，未来进一步扩大市场占有率将会非常困难），2019 年的每股收益为 1.68 元，2020 年的每股收益为 2.09 元。医药行业按 30 倍左右的市盈率估值，则该股 2019 年的合理估值应该在 50.4 元左右。安图生物的股价走势如图 7-2 所示。

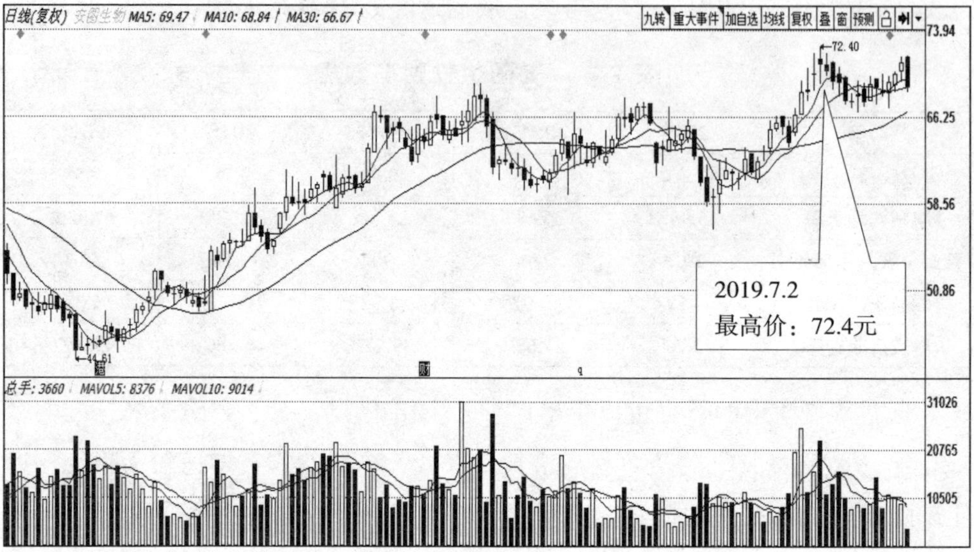

图 7–2　安图生物（603658）日 K 线走势图

尽管 2019 年大盘出现了一定的起伏，但安图生物的股价仍保持了震荡上升态势，说明市场资金看好该股。由于该股属于绩优成长股，且在化学发光领域具有一定的竞争优势，因而成为各家基金公司的宠儿。不过，前面对该股的盈利进行过预测，至 2019 年年底的合理估值在 50 元左右。但该股股价在 2019 年 7 月 2 日就已经上涨至 72.4 元，说明由于资金的追捧，股价存在高估倾向。一般情况下，偏向于价值投资的投资者不宜追涨买入该股，而应在其回调时择机入场。

四、体外诊断企业——迈克生物

迈克生物股份有限公司一直以来专注于体外诊断产品的研究、生产、销售和服务。公司向市场提供涵盖临床生化、发光免疫、快速诊断、血栓与止血等专业项目多达几百种的高品质产品，拥有丰富的市场管理经验和渠道管理能力。

迈克生物与安图生物不同的是，除了销售自家研发的体外诊断产品外，还代理了其他厂商的体外诊断产品，这与体外诊断行业的特点有关。由于体外诊断包括很多方面，单独厂商很难生产全部产品，因而，通过代理其他厂商特别是跨国巨头的产品，可以丰富和补充自己的产品线，有利于市场推广和销售。

1. 基本产品线与盈利构成

通过迈克生物的企业介绍可以了解到，该公司的主要业务为体外诊断业务，具体可以分为两类：其一，自家研发产品销售；其二，代理产品销售。迈克生物的产品销售与利润占比情况如表 7-5 所示。

表 7-5　迈克生物产品销售与利润构成比例（2018 年度）

业务名称		营业收入（元）	收入比例	营业成本（元）	成本比例	利润比例	毛利率
按行业	商业	16.69 亿	62.84%	10.85 亿	83.99%	42.83%	35.01%
	工业	9.87 亿	37.16%	2.07 亿	16.01%	57.17%	79.04%
按产品	代理试剂	14.59 亿	54.93%	9.15 亿	70.87%	39.84%	37.26%
	自产试剂	9.61 亿	36.18%	1.88 亿	14.57%	56.63%	80.41%
	代理仪器	2.10 亿	7.91%	1.69 亿	13.12%	2.99%	19.40%
	自产仪器	2 591.91 万	0.98%	1 859.52 万	1.44%	0.54%	28.26%

从表 7-5 中可以看出，迈克生物的整个产品线比较简单，主要分成两大类，即试剂类和仪器类。其中，试剂类产品的销售收入远超仪器类，同时，在毛利率方面，试剂类产品也要大幅高于仪器类产品，这比较符合体外诊断产业的规律。从整个产品销售构成来看，代理产品的销售额远超自产产品的销售额。但代理产品的毛利率低于自产产品，说明该企业的销售渠道较好，而且自产产品还有很大的成长空间。

2. 财务指标分析

迈克生物之前几年的财务与收益数据情况如表 7-6 所示。

表 7-6 迈克生物财务数据

时间	2018	2017	2016	2015	2014
每股收益（元）	0.8	0.67	0.56	1.47	1.52
净利润增长率	18.92%	19.91%	24.29%	10.98%	17.11%

续表

时间	2018	2017	2016	2015	2014
营业总收入（亿元）	26.85	19.7	14.89	10.65	9.35
每股净资产（元）	4.83	4.48	4.02	10.73	5.33
净资产收益率	16.61%	15.59%	14.68%	17.18%	32.55%

注：该股 2015 年年报给出了大比例送股方案。

通过表 7-6 中的数据可以得出以下几个结论。

第一，从每股收益及净利润增长率来看，该股的收益增速较为稳定。近年来，随着市场占有率的提升，净利润增长率有所下滑也是正常现象。不过，该企业仍稳定在 20% 左右。

第二，从营业总收入来看，该股截至 2018 年度，其总收入为 26.85 亿元，未来还有很大的成长空间。通过收入构成可知，该企业的大部分收入来自代理产品收入，未来自产产品的提升空间很大。

第三，从净资产收益率来看，该股的净资产收益率为 15% 左右，属于收益能力尚佳的股票，是较佳的投资标的。

3. 资产质量分析

从迈克生物的财务报表可以看到该股的资产负债情况。截至 2018 年年底，该公司的资产负债率不到 37%，该企业手中现金余额尚可，未来经营风险较小。该企业年度投入销售费用 4.53 亿元（2018 年），而对应的研发投入仅 1 亿元左右。该公司有重销售轻研发的倾向，当然，这种结果也就导致了企业销售收入构成中代理产品的销售收入大幅高于自产产品的情况。从长期来看，这种投入结构可能会影响企业的研发能力，削弱竞争能力。

4. 成长性与估值

综合对迈克生物财务数据的解读可以看出，该股属于业绩较佳的成长股。若以 2018 年年底的每股收益 0.8 元为基准，并以 15% 的净利润增长率计算（由于市场占有率较高，未来进一步扩大市场占有率将会非常困难），2019 年的每股收益为 0.92 元，2020 年的每股收益为 1.06 元。一般情况下，医药行业按 30 倍左右的市盈率估值，则该股 2019 年的合理估值应该在 27.6 元左右。迈克生物的股价走势如图 7-3 所示。

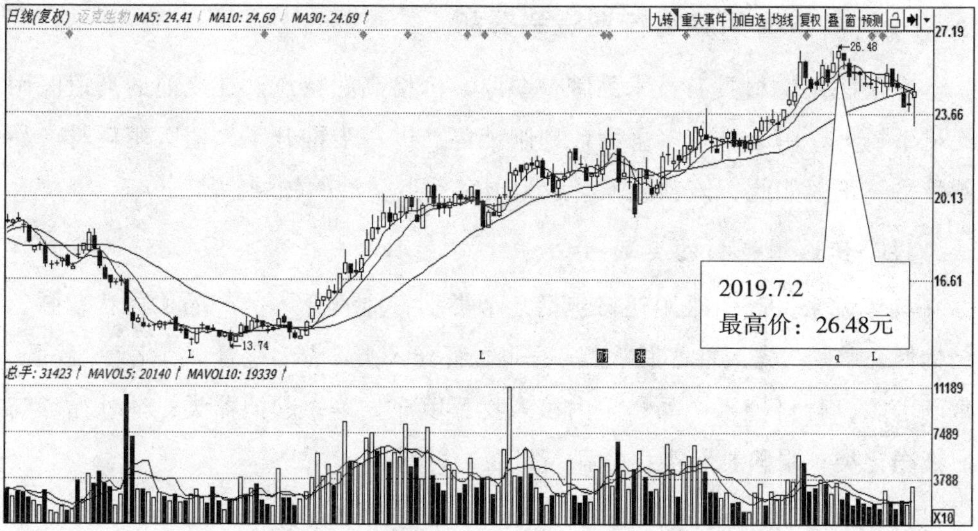

图 7-3　迈克生物（300463）日 K 线走势图

尽管 2019 年大盘出现了一定的起伏，但迈克生物的股价仍保持了震荡上升态势，说明市场资金看好该股。根据之前对该股盈利进行的预测，至 2019 年年底的合理估值在 27.6 元左右。该股股价在 2019 年 7 月 2 日最高达到 26.48 元，说明该股价格运行于估值价格附近，且略低于估值价格，投资者可在股价回落时适当买入并长期持有该股。

第三节　高值医用耗材企业投资逻辑

高值医用耗材是与低值医用耗材相对的一个概念，通常包括各类心血管支架类产品、关节类产品等。这类产品的单品价格极高，且占整个手术费用的比例也极高。正因如此，高值医用易耗品经常成为医改整顿的对象。

2018 年 8 月下半年，医改重点工作任务的部署中，治理高值医用耗材和过渡医疗检查的改革方案列入其中，随之而来的是高值医用耗材领域迎来新一轮的洗牌。一些拥有核心产品或技术优势的企业，将会获得更多的市场份额，一些中小型的高值医用耗材企业则面临出局的困境。

一、高值医用耗材行业竞争分析

高值医用耗材具有技术品牌壁垒厚、价格高的特点。在之前的高值医用耗材市场上，由于企业多采用代理制销售，进一步推升了高值医用耗材产品的价格。正因如此，该领域才会成为国家重点整治的领域。

1. 高值医用耗材的类别

具体说来，高值医用耗材包括几个类别：血管介入类产品（冠状动脉、结构性心脏病、先天性心脏病等）；非血管介入类产品（气管、消化道、膀胱、直肠等）；骨科植入产品；颅内植入物、填充物等；起搏器类；体外循环与血液净化类；眼科材料类；牙科与口腔类材料等。

2. 高值医用耗材的特点

具体说来，高值医用耗材领域具有如下几个显著特点。

第一，技术品牌壁垒。

高值医用耗材领域原本都被跨国巨头所垄断，由于这些企业在技术和品牌方面远远超过国内企业，使得这一领域的大部分利润被这些企业瓜分。近年来，国内高值医用耗材企业开始发力，心血管支架领域主要有乐普医疗，骨科领域主要有凯利泰。

第二，价格存在虚高现象。

由于患者缺乏对高值医用耗材产品的了解，使得在高值医用耗材产品的选择上，医院和医生拥有绝对的话语权，这也间接促成了采购环节不透明，价格虚高。未来，随着医改的深入，价格下行将是大概率事件。

第三，市场需求旺盛。

随着高值医用耗材产品的不断推陈出新，未来将会迎来更大的市场空间。暂时的价格下行与市场整顿，只会为拥有强大竞争力的企业带来更好的机遇，毕竟产品质量才是硬道理，而市场的需求只会越来越大。未来，还会有更多国产品牌异军突起。

3. 高值医用耗材行业竞争趋势

随着医疗改革的加速，高值医用耗材行业可能会面临如下几个显著趋势。

第一，受国民收入增加、老龄化影响，高值医用耗材的需求将会日益旺盛，加之政策的引导，国产替代率将大大提升。

第二，两极分化严重。跨国巨头仍然垄断高端高值医用耗材市场，国内企业只能分食中低端市场。不过，在一些领域，国产替代逐渐增加，如心血管类中的支架产品和骨科植入产品。

第三，国内头部企业营收增速显著高于跨国企业，替代进口趋势初步显现。心脏起搏器、高端人工心脏瓣膜如生物瓣膜及软式人工晶体是未来国内企业研发重点，也是投资者需要关注的方向。

第四，国内企业通过自主研发与并购，开始接近跨国巨头企业的技术水平，同时开始涉足海外市场。

二、高值医用耗材企业基本投资逻辑

高值医用耗材是一个发展潜力极大的行业，同时，也是国产化程度相对较低的行业，未来的发展空间可想而知。

1. 需要关注的高值医用耗材细分领域

在众多高值医用耗材领域，投资者需要重点关注以下两个细分领域。

第一，血管介入类。随着老龄化程度的加深、工作与生活压力加大、不健康生活方式的影响，导致我国心血管病患者人数逐年快速攀升。血管介入类产品包括冠状动脉支架、PTCA球囊导管、颈动脉支架、远端保护器、人工心脏瓣膜、心脏起搏器、外周血管支架、PTA导管、颅内血管支架等。这类产品的特点是，技术要求较高且价格昂贵。

血管介入器械产业近年迎来十分迅猛的发展。其中，心脏支架已经发展到第四代可降解支架，球囊也已经有药物洗脱球囊和可降解球囊出现，国外也已经有数款可吸收封堵器面世并进入临床阶段。其中，乐普医疗、先健科技、威高股份、微创医疗等企业都在这方面有所布局，乐普医疗在可降解支架研究方面具有相当的优势。

第二，骨科植入类。骨科植入物可以分为创伤类、脊柱类、关节类和其他，前3者的市场份额可以占到骨科器械的80%以上。A股市场上，凯利泰是骨科植入类企业中非常有代表性的一个，该企业的大部分收入来自骨科植入类产品。大博医疗的产品中也以骨科植入类产品为主，并特别关注创伤类和脊柱类产品的研发。其他的骨科植入类企业，如春立医疗、爱康医疗等多为港股上市企业。

2. 寻找值得投资的标的

投资者可从以下两方面寻找投资标的。

第一，关注技术突破。

与其他医疗器械生产领域内的企业相似，技术水平决定了企业的未来。只有在核心技术方面取得较大的突破，才有可能取得更高的市场份额。

第二，关注收入规模。

目前，大部分高值医用耗材企业的营收规模还是十几亿元到几十亿元的量级，与国外医疗器械生产巨头不具有可比性。不过，不断扩大的市场容量，必然会催生出细分领域内的“小巨头”。投资者可以长线关注该领域内企业的发展，寻找那些可能会取得长期、稳定、快速发展的企业。

三、高值医用耗材企业——乐普医疗

乐普（北京）医疗器械股份有限公司是一家医疗器械制造企业，公司主要从事冠状动脉介入和先心病介入医疗器械的研发、生产和销售。公司主要产品包括用于冠心病治疗的血管内药物（雷帕霉素）洗脱支架系统、冠脉支架输送系统、PTCA球囊扩张导管、药物中心静脉导管等。

一直以来，硫酸氢氯吡格雷和阿托伐他汀钙片支撑着乐普医疗在药品板块方面的收入。同时，随着支架系统的营收不断增加，特别是2019年可降解支架上市，也可能为乐普医疗创造新的业绩增长点。前面介绍过，乐普医疗在高值医用耗材领域的心血管介入方面具有很强的竞争力，未来这一领域也可能成为乐普医疗主要的利润来源。

1. 基本产品线与盈利构成

通过乐普医疗的企业介绍可以了解到，该公司的主要收入来自药品和医疗器械领域，具体可以分为3类：其一，药品销售；其二，医用耗材销售；其三，医疗器械代理服务。乐普医疗的产品销售与利润占比情况如表 7-7 所示。

表 7–7　乐普医疗产品与收入构成（2018 年度）

业务名称		营业收入（元）	收入比例	营业成本（元）	成本比例	利润比例	毛利率
按行业	药品	17.42 亿	38.39%	4.99 亿	49.66%	50.67%	71.34%
	自产耗材产品	12.33 亿	27.16%	2.16 亿	21.50%	41.44%	82.46%
	新型介入诊疗业务	4.84 亿	10.66%	2.90 亿	28.84%	7.89%	40.03%
	医疗产品代理配送	3.06 亿	6.75%	–	–	–	–
	体外诊断试剂及设备	2.78 亿	6.13%	–	–	–	–
	外科器械产品	2.21 亿	4.87%	–	–	–	–
	医疗服务	2.13 亿	4.70%	–	–	–	–
	策略性业务	6 100.99 万	1.34%	–	–	–	–
按产品	其他	12.63 亿	27.83%	–	–	–	–
	支架系统	11.71 亿	25.82%	2.39 亿	73.90%	61.02%	79.60%
	药品 – 硫酸氢氯吡格雷	6.80 亿	14.99%	8 441.86 万	26.10%	38.98%	87.59%
	药品 – 原料药	3.71 亿	8.18%	–	–	–	–
	药品 – 阿托伐他汀钙片	3.64 亿	8.02%	–	–	–	–
	体外诊断试剂及设备	2.78 亿	6.13%	–	–	–	–
	外科器械产品	2.21 亿	4.87%	–	–	–	–
	起搏器	1.90 亿	4.18%	–	–	–	–

从表 7-7 中可以看出，乐普医疗整个产品线比较丰富，包括药品板块、医疗器械板块，还有服务以及代理板块等。从该公司的营收构成来看，药品仍是乐普医疗的主要收入，而医疗器械也贡献较高的收入。从毛利率来看，药品和医用耗材的毛利率普遍较高，药品的毛利率高达 71.34%，而耗材产品的毛利率更是高达 82.46%。乐普医疗 2018 年营收中并没有生物可吸收支

架的营收（该部分业务将在 2019 年年报中体现）。

作为投资者，不能忽视带量采购的影响。从 2019 年下半年开始，带量采购的影响将逐步显现。

总之，鉴于乐普医疗在医疗器械领域的地位，有理由相信，未来乐普医疗的营收将会保持稳定、快速的增长。

2. 财务指标分析

乐普医疗前几年的财务与收益数据情况如表 7-8 所示。

表 7–8　乐普医疗财务数据

时间	2018	2017	2016	2015	2014
每股收益（元）	0.68	0.51	0.39	0.64	0.52
净利润增长率	35.55%	32.36%	30.40%	23.09%	17.02%
营业总收入（亿元）	63.56	45.38	34.68	27.69	16.69
每股净资产（元）	3.57	3.61	3.11	5.51	3.87
净资产收益率	19.13%	15.17%	14.7%	15.62%	14.21%

通过表 7-8 中的数据可以得出以下几个结论。

第一，从每股收益及净利润增长率来看，该股的收益增速较为稳定。近年来，随着药品和医疗器械产品的放量，净利润增长率有加速迹象。随着医药带量采购政策的实施，乐普医疗药品板块会受到一定的冲击，但一般认为支架系统特别是生物可降解支架的放量，能够确保企业营收和净利润稳定增长。

第二，从营业总收入来看，该股截至 2018 年的年度总收入为 63.56 亿元，未来还有很大的成长空间。

第三，从净资产收益率来看，该股的净资产收益率在 15% 以上，属于收益能力较强的股票，是较佳的投资标的。

3. 资产质量分析

从乐普医疗的财务报表可以看到该股的资产负债情况。截至 2018 年年底，该公司的资产负债率超过 56%，属于负债较高的水平。同时，相比于每年 18 亿元的销售费用，研发费用仅有 3.76 亿元，具有典型的重销售轻研发的特点，不过，考虑到很多新产品尚处于推广期，这种情况也是可以接受的。该公司在 2018 年年底的现金及现金等价物超过 22 亿元，足以保证企业的平稳运营。

4. 成长性与估值

综合对乐普医疗财务数据的解读可以看出，该股属于业绩优良的成长股。若以 2018 年年底的每股收益 0.68 元为基准，并以 30% 的净利润增长率计算，2019 年的每股收益为 0.88 元，2020 年的每股收益为 1.14 元。医药行业按 30 倍左右的市盈率估值，则该股 2019 年的合理估值应该在 26.4 元左右。若将生物可降解支架的销售考虑进来，2019 年的每股收益可能达到 0.95 元，那么，该股的合理估值应该为 28.5 元。乐普医疗的股价走势如图 7-4 所示。

图 7–4　乐普医疗（300003）日 K 线走势图

乐普医疗的股价 2019 年随大盘的涨跌出现了一波震荡走势，股价触底后震荡反弹向上。该股股价在 2019 年 7 月 23 日来到了 25.39 元的位置。鉴于之间对该股的分析，该股股价的合理范围应该在 26.4 ~ 28.5 元之间。目前，该股股价存在一定的低估，未来该股股价有走高的可能。投资者还需及时了解生物可降解支架的销售进展情况，该产品可能对乐普医疗未来几年的收益有着重要的影响。

四、高值医用耗材企业——凯利泰

上海凯利泰医疗科技股份有限公司主要从事椎体成形微创介入手术系统的研发、生产和销售，产品主要用于因骨质疏松导致的椎体压缩性骨折的临床微创手术治疗，具体包括经皮椎体成形（PVP）手术系统和经皮球囊扩张椎体后凸成形（PKP）手术系统。该公司率先在国内实现了顺应性椎体扩张球囊导管的国产化，打破了跨国公司产品的技术垄断。该公司骨科植入类医疗器械产品在国内市场具有很强的竞争力，甚至可以说没有什么竞争对手（可能因该细分领域市场较小，其他竞争对手不愿意介入，使得凯利泰在该领域拥有绝对优势）。2018 年 6 月，凯利泰收购了一家海外公司 Elliquence（椎间孔镜微创手术系统），该公司的产品主要用于治疗椎间盘突出症和疼痛性椎间盘撕裂。此次收购有助于丰富该公司的产品线。目前，骨科植入类产品的市场容量相对于发达国家还很小，未来有进一步放大的需要，这将为凯利泰提供绝佳的发展契机。

1. 基本产品线与盈利构成

通过凯利泰的企业介绍可以了解到，该公司的主要收入来自骨科医疗器械产品的销售，还有一些其他医疗器械产品的销售。凯利泰的产品销售与利润占比情况如表 7-9 所示。

表 7-9　凯利泰产品与收入构成（2018 年度）

业务名称		营业收入（元）	收入比例	营业成本（元）	成本比例	利润比例	毛利率
按行业	医疗器械制造业	6.31 亿	68.20%	1.36 亿	37.00%	88.81%	78.42%
	医疗器械贸易	2.94 亿	31.80%	2.32 亿	63.00%	11.19%	21.20%
按产品	骨科类医疗器械产品	5.77 亿	62.39%	1.19 亿	33.84%	163.43%	79.46%
	其他医疗器械	2.94 亿	31.80%	–	–	–	–
	心血管类医疗器械产品	5 376.84 万	5.81%	2.32 亿	66.16%	–63.43%	–330.90%

从表 7-9 中可以看出，凯利泰整个产品线比较简单，骨科类医疗器械的销售占整个企业销售收入的 62.39%，可见骨科收入对凯利泰的重要性。从毛利率情况来看，骨科产品的毛利率远比其他产品高。凯利泰也收购了一些心血管类医疗器械企业，加上前面提到过的 Elliquence 公司，重新整合后，应该会对增厚收入起到一定的作用。当然，骨科产品仍是主要的利润来源。

鉴于凯利泰在骨科医疗器械领域的地位，有理由相信，未来凯利泰的营收将会保持稳定、快速的增长。

2. 财务指标分析

凯利泰前几年的财务与收益数据情况如表 7-10 所示。

表 7–10 凯利泰财务数据

时间	2018	2017	2016	2015	2014
每股收益（元）	0.64	0.27	0.23	0.34	0.39
净利润增长率	137.24%	22.75%	31.66%	93.87%	–2.84%
营业总收入（亿元）	9.31	8.02	5.51	4.63	2.22
每股净资产（元）	3.47	2.83	2.57	3.32	5.93
净资产收益率	20.45%	10.09%	10.35%	10.91%	9.321%

通过表 7-10 中的数据可以得出以下几个结论。

第一，从每股收益及净利润增长率来看，该股的收益波动较大，这与该公司最近几年频繁地收购或转让子公司有关。

第二，从营业总收入来看，该股截至 2018 年的年度总收入为 9.31 亿元，收入规模偏小，未来还有很大的成长空间。

第三，从净资产收益率来看，该股的净资产收益率在 10% 以上，属于收益能力尚可的股票。

3. 资产质量分析

从凯利泰的财务报表可以看到该股的资产负债情况。截至 2018 年年底，该公司的资产负债率不到 30%，属于负债较低的水平。该公司 2018 年年底的现金及现金等价物约为 10 亿元，相对于一个年营业总收入不到 10 亿元的公司来说，这些现金持有量已经相当高了。总体来看，凯利泰的资产质量尚佳，尤其是考虑到该公司在骨科植入领域的龙头地位，可以认定该股是值得投资的标的。

4. 成长性与估值

综合对凯利泰财务数据的解读可以看出，该股属于业绩优良的成长股。若以 2018 年年底每股收益 0.64 元为基准，并以 30% 的净利润增长率计算，2019 年的每股收益为 0.83 元，2020 年的每股收益为 1.08 元。医药行业按 30 倍左右的市盈率估值，则该股 2019 年的合理估值应该在 24.9 元左右。即使考虑到该股收益存在巨大的波动和不确定性，给该股的价格打个折扣，仍有 12.5 元。凯利泰的股价走势如图 7-5 所示。

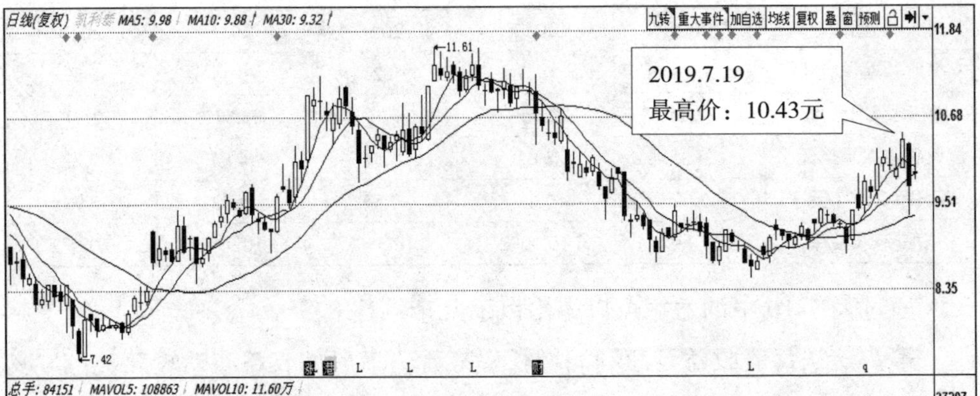

图 7–5　凯利泰（300326）日 K 线走势图

凯利泰的股价 2019 年随大盘的涨跌出现了一波震荡走势，股价触底后震荡反弹向上。该股股价在 2019 年 7 月 19 日来到了 10.43 元的位置。鉴于之前对该股的分析，该股股价的合理范围应该在 12.5 ~ 24.9 元之间。目前，该股股价存在一定的低估，未来该股股价有走高的可能。

第八章

医药流通企业投资研究

按照最新的医改精神，将逐步取消医院的药占比，同时取消药品加成，这无疑会促进医药流通行业的繁荣。医药流通行业按照客户群体的不同，大致可以分为医药批发企业和医药零售企业两种。

第一节　医药批发企业投资逻辑

医药批发企业的直接下游客户主要为医药经销商、零售终端和医疗机构。医药批发企业做的是一种转手贸易，即一手买进，一手卖出，从中赚取差价。正因如此，医药批发企业的营收一般会比普通的医药生产企业更高，但毛利率会低很多。

一、医药批发行业竞争分析

目前全国从事医药批发的企业众多，而且规模不一。整个行业的竞争具有如下几个显著特征。

第一，行业集中度升高。

从整体上来看，医药批发行业近年来呈现出了平稳运行、略有萎缩态势。不过，在整个市场中，几大医药批发龙头企业的销售收入增速较快，呈现出明显的集中态势。未来，随着两票制（即产品出厂开一次发票，经过一个中间商后到医院再开一次发票）的推行，医药批发市场将进一步向几大医药批发巨头集中，包括国药股份、华润医药、上海医药等。

第二，医院居于主导地位。

在医药市场，医院始终是药品销售的主战场。在两票制政策的影响下，大量缺乏上游采购资源的医药批发企业将会被淘汰。在采购药品时，医院往往居于主导地位，更愿意采购最上游医药批发企业或医药生产企业的产品，这将进一步压缩规模较小的医药批发企业的生存空间。

第三，进入门槛低，参与者众多。

相对于医药行业中其他细分行业，药品批发行业进入门槛较低，这也使得参与者众多，恶性竞争和不公平竞争行为较多，导致整个行业的毛利率水平较低。

很多代理国外产品的医药企业也属于医药贸易企业或医药批发企业，比如前文提到的智飞生物。这里以单纯的医药批发企业为讲解对象，智飞生物这类企业不作介绍。

二、医药批发企业基本投资逻辑

投资者在选择医药批发企业时，需要重点考虑以下几点。

第一，规模效应。

医药批发企业与其他商品批发企业相似，主要是赚取药品购入与卖出差额的，因此，规模就是利润的保证。随着整个行业竞争的加剧，收购与兼并重组将会频繁出现，大型医药批发企业将会兼并一些中小型的医药批发企业，以扩充业务版图和营收规模。从这点来看，国药股份、上海医药、华润医药的机会更大。

第二，以速度抗击规模。

中小型医药批发企业未来有两种：其一，被其他大型医药批发企业收购；其二，收购其他医药批发企业，使自己成为大型医药企业。在竞争中，只有较快的发展速度才能抗击大型医药企业的规模优势。当然，一些企业在追求发展速度时，可能不得不牺牲一些利润，这也是可以理解的。若是某家医药企业规模较大，发展速度又很快时，则属于较佳的投资标的。

三、医药批发企业——上海医药

上海医药集团股份有限公司是一家致力于医药流通行业的企业，前身是上海第四制药厂，1993年进行股份制改组，主要产品包括各类药品及保健品。上海医药集团的主要业务包括医药的研发、生产与分销。上海医药属于上海国资委控股的国有大型医药企业，年销售收入在整个医药行业中位居前列。上海医药生产的药品总数超过800种，分销网络更是遍及全国各省市、自治区、直辖市。该公司旗下药房总数接近2 000家。

1. 基本产品线与盈利构成

上海医药的整个销售收入构成大致包括药品工业、分销与药品零售等几类。上海医药的产品销售与利润占比情况如表8-1所示。

表8-1 上海医药产品与收入构成（2018年度）

业务名称		营业收入（元）	收入比例	营业成本（元）	成本比例	利润比例	毛利率
按行业	分销	1 394.45亿	87.95%	1 296.65亿	95.18%	43.83%	7.01%
	工业	194.62亿	12.28%	80.05亿	5.88%	51.35%	58.87%
	零售	72.02亿	4.54%	61.11亿	4.49%	4.89%	15.14%
	其他	2.85亿	0.18%	2.21亿	0.16%	0.29%	22.55%
	抵消	–78.47亿	–4.95%	–77.68亿	–5.70%	–0.35%	–

从表8-1可以看出，上海医药整个产品线的跨度较大，从医药工业（研发与生产）到分销、零售等。从该公司的营收构成来看，分销仍是上海医药的主要收入，医药工业也贡献了较高的收入。从毛利率来看，药品工业的毛利率无疑是最高的，而药品分销的毛利率较低。药品分销的特点就是薄利多销，这与行业特点相吻合。上海医药的分销收入超过1 000亿元，且每年新创的利润接近100亿元。

鉴于上海医药在医药分销领域的地位，特别是两票制实施后，将会为分销龙头带来巨大的机会。有理由相信，未来上海医药的营收将会保持稳定、快速的增长。

2. 财务指标分析

上海医药前几年的财务与收益数据情况如表 8-2 所示。

表 8-2　上海医药财务数据

时间	2018	2017	2016	2015	2014
每股收益（元）	1.37	1.31	1.19	1.07	0.96
净利润增长率	10.24%	10.14%	11.1%	11.03%	17.06%
营业总收入（亿元）	1590.84	1308.47	1207.65	1055.17	923.99
每股净资产（元）	13.73	12.66	11.76	11.13	10.35
净资产收益率	10.34%	10.73%	10.39%	9.98%	9.67%

通过表 8-2 的数据可以得出以下几个结论。

第一，从每股收益及净利润增长率来看，该股的收益增速较为稳定。近年来，随着市场占有率的提升，净利润的整体增速并不快，这与该公司大部分收入来源于分销有关，毕竟药品分销的毛利率本身就很低。

第二，从营业总收入来看，该股截至 2018 年的年度总收入为 1 590 亿元。由于两票制的实施，未来其营收规模还有望继续放大。

第三，从净资产收益率来看，该股的净资产收益率在 10% 以上，属于收益能力一般的股票。通常情况下，分销领域企业的净资产收益率都会比药品生产与研发企业低得多。

3. 资产质量分析

从上海医药的财务报表还可以看到该股的资产负债情况。截至 2018 年年底，该公司的资产负债率超过 63%，属于负债较高的水平。同时，该公司资产中含有高达 113 亿元的商誉。这在一定程度上反映出该公司比较富有进取精神，收购其他企业较多，另一方面也为企业的发展带来一定的隐患，这些商誉若出现问题，很可能会引发“地雷”。该公司 2018 年的销售费用高达 110 亿元，远远高于净利润的 38 亿元，这都给企业的发展带来了隐患。

4. 成长性与估值

综合对上海医药财务数据的解读可以看出，该股属于业绩优良的绩优股。

若以 2018 年年底每股收益 1.37 元为基准，并以 10% 的净利润增长率计算，2019 年的每股收益为 1.51 元，2020 年的每股收益为 1.66 元。一般情况下，医药行业按 30 倍左右的市盈率估值，则该股 2019 年的合理估值应该在 45.3 元左右。考虑该股很难取得突破性增长（也就是说，很难达到医药行业的整体增速），将该股的估值打个对折，即 22.65 元。上海医药的股价走势情况如图 8-1 所示。

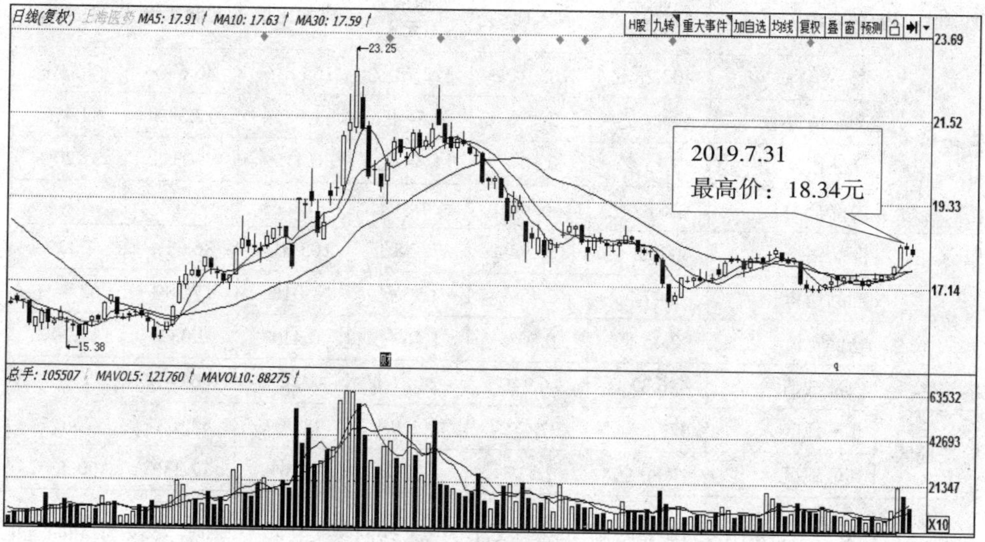

图 8-1 上海医药（601607）日 K 线走势图

上海医药的股价 2019 年随大盘的涨跌出现了一波震荡走势，股价触底后震荡反弹向上。该股股价在 2019 年 7 月底来到了 18.34 元的位置。鉴于前面对该股的分析，该股股价的合理范围应该在 22.65 ~ 45.3 元之间。目前，该股股价存在一定的低估，未来该股股价有走高的可能。

四、医药批发企业——国药股份

国药集团药业股份有限公司由中国医药（集团）公司联合国药集团上海医疗器械有限公司、广州南方医疗器材公司、天津启宇医疗器械有限责任公司、北京仁康医疗器材经营部发起，经国家经贸委批准，于 1999 年 12 月 21 日正式成立。与上海医药的业务范围相似，国药股份的业务范围涵盖了医药生产与分销、零售等，但以医药分销和零售为主。

1. 基本产品线与盈利构成

国药股份的整个销售收入构成大致包括药品工业、分销与药品零售等几类。国药股份的产品销售与利润占比情况如表 8-3 所示。

表 8-3 国药股份产品与收入构成（2018 年度）

业务名称		营业收入（元）	收入比例	营业成本（元）	成本比例	利润比例	毛利率
按行业	商品销售	402.28 亿	103.94%	372.78 亿	105.61%	86.63%	7.33%
	产品销售	9.47 亿	2.45%	3.56 亿	1.01%	17.38%	62.45%
	仓储物流	2.15 亿	0.56%	1.46 亿	0.41%	2.03%	32.20%
	内部抵消	–26.87 亿	–6.94%	–24.81 亿	–7.03%	–6.04%	–
按产品	商品销售	402.28 亿	103.94%	372.78 亿	105.61%	86.63%	7.33%
	产品销售	9.47 亿	2.45%	3.56 亿	1.01%	17.38%	62.45%
	仓储物流	2.15 亿	0.56%	1.46 亿	0.41%	2.03%	32.20%
	内部抵消	–26.87 亿	–6.94%	–24.81 亿	–7.03%	–6.04%	–
按地区	北京地区	377.22 亿	97.47%	349.10 亿	98.90%	82.62%	7.46%
	其他地区	9.80 亿	2.53%	3.89 亿	1.10%	17.38%	60.36%

从表 8-3 中可以看出，国药股份整个产品线比较丰富，涵盖医药工业（研发与生产）、分销、零售等业务。从该公司的营收构成来看，商品销售（分销）仍是国药股份的主要收入来源；产品销售（自产医药产品）也贡献了一定的收入。从毛利率来看，自产医药产品的毛利率无疑是最高的，药品分销的毛利率较低，这一点与上海医药相似。

从国药股份的地区收入占比可以发现，国药股份的大部分收入来源于北京地区，但北京地区的毛利率相对较低，说明该公司在北京地区的业务以药品分销为主，在其他地区的收入来源于自产药品的销售。

鉴于国药股份在医药分销领域的地位，特别是两票制实施后，将会为分销龙头带来巨大的机会。有理由相信，未来国药股份的营收将会保持稳定、快速的增长。

2. 财务指标分析

国药股份前几年的财务与收益数据情况如表 8-4 所示。

表 8–4　国药股份财务数据

时间	2018	2017	2016	2015	2014
每股收益（元）	1.83	1.55	1.14	1.07	1
净利润增长率	23.01%	15.28%	93.08%	6.26%	17.29%
营业总收入（亿元）	387.4	362.85	346.11	120.78	115.38
每股净资产（元）	12.08	10.67	7.36	6.33	5.18
净资产收益率	16.23%	16.06%	16.7%	18.91%	24.44%

通过表 8-4 的数据可以得出以下几个结论。

第一，从每股收益及净利润增长率来看，近年来该股的收益增速波动较大。这与国家医药体制改革进程密切相关。随着两票制的推行，短期可能给企业的业绩增速制造一些障碍，但长期来看，随着企业自我调整能力的增强，净利润快速增长的态势有望得到保持。

第二，从营业总收入来看，该股截至 2018 年的年度总收入为 387.4 亿元，这与上海医药还有较大的差距，未来仍有较大的成长空间。

第三，从净资产收益率来看，该股的净资产收益率在 16% 以上，属于收益能力较强的股票。尤其在药品分销行业中，净资产收益率能够超过 15%，实属难能可贵。

3. 资产质量分析

从国药股份的财务报表可以看到该股的资产负债情况。截至 2018 年年底，该公司的资产负债率超过 50%，属于负债中等偏高水平。但该公司资产中的商誉价值仅为 1.58 亿元，说明该企业的资产质量较高。

4. 成长性与估值

综合对国药股份财务数据的解读可以看出，该股属于业绩优良的白马股。若以 2018 年年底每股收益 1.83 元为基准，并以 10% 的净利润增长率计算，2019 年的每股收益为 2.01 元，2020 年的每股收益为 2.21 元。一般情况下，医药行业按 30 倍左右的市盈率估值，则该股 2019 年的合理估值应该是 60 元左右。考虑该股的增长率可能很难取得突破性增长（也就是说，很难达到医药行业的整体增速），可以将该股的估值打个对折，即 30 元。国药股份的股价走势如图 8-2 所示。

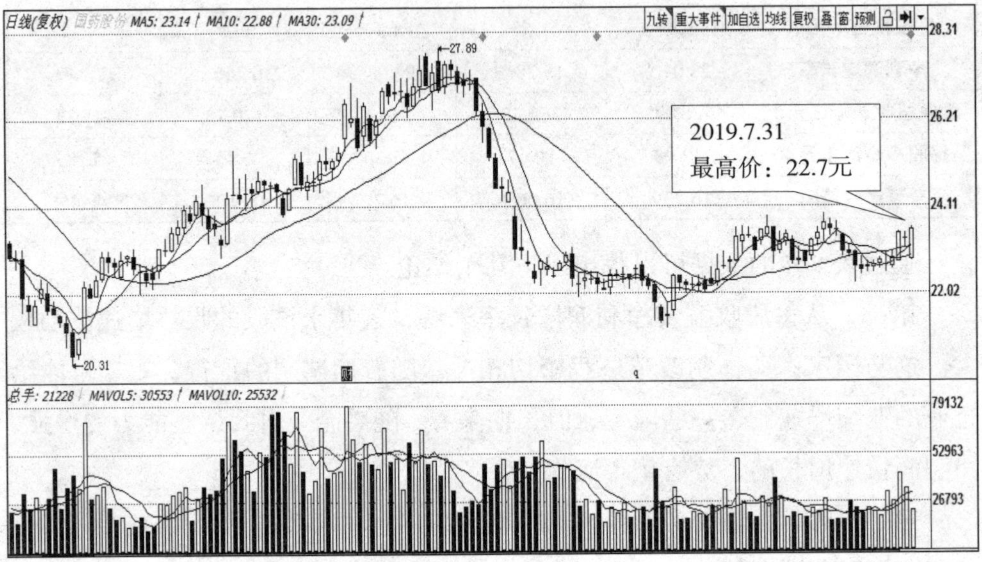

图 8–2　国药股份（600511）日 K 线走势图

国药股份的股价在 2019 年随大盘的涨跌出现了一波震荡走势，股价触底后开始横向震荡。该股股价在 2019 年 7 月底来到了 22.7 元的位置。鉴于前面对该股的分析，该股股价的合理范围应该是 30 ～ 60 元。目前，该股股价存在一定的低估，未来该股股价有估值修复的可能。

第二节　医药零售企业投资逻辑

医药零售企业与医药批发企业不同，医药零售企业面对的客户群体通常仅限于普通的消费者或患者。事实上，很少有单一的医药零售企业能够上市，因此，本节介绍的医药零售企业都属于大型医药零售连锁企业。这类企业的特点是终端众多，且集中度不断提升。

一、医药零售行业竞争分析

谈到医药零售行业，大家可能很容易想到街上林林总总的药店。事实上，近几年来，医药零售行业的整体销售规模虽然保持了持续增长，但增速明显下滑。越来越多的医药零售药店归属于医药连锁企业旗下。目前，医药零售连锁企业的总销售额占医药零售行业的一半以上，而且还在呈现逐年上升的态势。也就是说，未来的零售药店大部分都会从属于某一医药连锁公司。

1. 行业竞争特征

整个医药零售行业的竞争具有如下几个显著特征。

第一，行业集中度高。

据相关部门统计，2017 年销售额前 100 名的医药零售连锁企业所辖的门店接近 6 万家，约占全国医药零售门店总数的 13%。药店连锁比例从 2012 年的 35% 上升至 2017 年的 50%。未来，行业集中度将会进一步增加。投资者可持续关注行业龙头企业，如国药一致、一心堂等。

第二，行业竞争日趋激烈，增速放缓。

近年来，随着医药零售市场总体规模不断放大，销售额增速开始回落。越来越多的连锁企业为了抢占市场，不断地兼并、重组，这也使得近年来医药零售行业呈现了明显的调整迹象。与此同时，医药体制改革也对医药零售市场在短期内形成了一定的冲击，未来经过一段时间的调整后，医药零售市场有望重新恢复强劲增长态势。

第三，与网络连接日趋紧密。

越来越多的连锁药店开设了网上药店，这些网上药店将成为医药连锁企业新的利润增长点。当然，网上药店毕竟属于新生事物，目前销售额占整个医药零售市场的比例还很低，但未来成长空间非常大。投资者在关注医药零售连锁企业时，也应该同步了解这些企业网上药店的运营情况。

第四，具有显著的区域性。

医药零售连锁企业出现的时间并不长，很多企业还在各自所属的区域内进行门店扩张，这就使得这些企业具有显著的区域性。例如，一心堂主要的经营区域为西南地区，国药一致的核心区域是北京、广东，大参林的经营区域在广东、广西以及江浙、福建等地区。未来，随着连锁企业实力的增强，会慢慢形成全国性的连锁企业。

第五，资本强势介入医药连锁行业。

越来越多的资本看好医药连锁企业的未来，华泰系资本、大摩系资本、基石系资本、高瓴系资本等纷纷以收购、兼并等方式入局医药连锁行业，加速了该行业的整合。同时，该行业的竞争面临着重新洗牌的格局。

2. 坚实的行业壁垒

经营药店与经营超市不同，它需要经营者拥有相应的资质。药店经营具有一定的行业壁垒，只有获得了《药品经营许可证》，才能从事相应的经营活动。经营处方药和甲类非处方药，还需要药店的工作人员具有执业药师资质，这都为经营药店的后来者设置了行业壁垒。

二、医药零售企业基本投资逻辑

医药零售企业与医药生产企业不同，医药零售企业很难形成独特的核心竞争力，因此，对于医药零售企业来说，门店数量会成为衡量其发展水平的一个重要指标。

投资者在考察医药零售企业时，需要注意以下几点。

第一，集中度将大幅增加，寻找突出重围者。

前面对医药零售连锁企业的竞争情况进行了介绍。该行业的集中度已达50%，未来集中度还将进一步加大。目前，大多数医药零售连锁企业还是区域性的，未来全国性连锁企业将会增加，谁最先确立全国性连锁的优势地位，谁就有可能成为整个行业的领头羊。

主要医药连锁企业的门店数据如图 8-3 所示。

近几年来，排名比较靠前的医药零售连锁企业的门店数量都呈现出了明显的上升势头。投资者可重点关注图 8-3 中所列的几家企业，未来全国性连锁药店的龙头很有可能会从中产生。

第二，关注单店销售收入。

通常来说，单店收入越高，说明连锁企业的经营能力越强。不过，我国幅员辽阔，地区之间的经济发展水平差距较大，不同地区药店的营收也存在明显差距。例如，上海有的药店单店年收入可能超过 900 万元，而青海、内蒙古的一些药店单店年收入不足 30 万元。

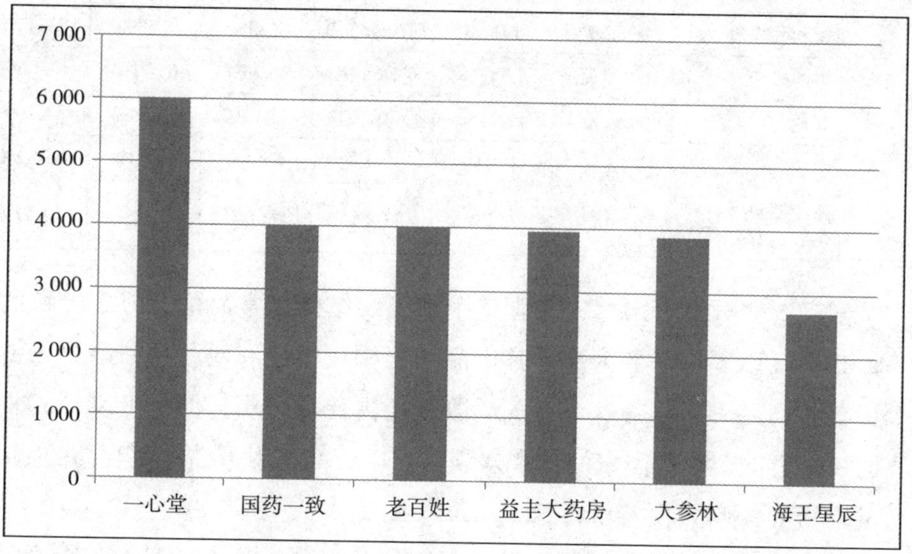

图 8-3　主要医药零售连锁企业的门店数据（2019 年年初）

三、医药零售企业——一心堂

一心堂药业是以零售药店连锁经营为核心产业，集药材加工与销售、中西成药批发为一体的大型医药上市公司。截至 2019 年 3 月 31 日，一心堂及其全资子公司共拥有直营连锁门店 6 005 家，在全国共拥有 11 个物流配送中心，保障了公司 6 000 多家直营连锁门店的商品配送。一心堂直营连锁门店遍及云南、贵州、广西、四川、山西、重庆、天津、上海、海南、河南 10 个省、市、自治区，员工达 32 000 人，2018 年含税销售额逾 100 亿元。

1. 基本产品线与盈利构成

一心堂的整个销售收入构成大致包括药品批发与药品零售等业务。一心堂的产品销售与利润占比情况如表 8-5 所示。

表 8–5　一心堂产品与收入构成（2018 年度）

业务名称		营业收入（元）	收入比例	营业成本（元）	成本比例	利润比例	毛利率
按行业	药品零售	86.05 亿	96.19%	51.73 亿	95.28%	97.59%	39.88%
	药品批发	2.46 亿	2.75%	1.89 亿	3.48%	1.62%	23.10%
	便利品零售	9 498.53 万	1.06%	6 703.55 万	1.23%	0.79%	29.43%
按产品	中西成药	64.78 亿	72.42%	41.68 亿	76.76%	65.71%	35.66%
	其他	10.92 亿	12.21%	6.04 亿	11.12%	13.88%	44.70%
	中药	7.25 亿	8.11%	3.49 亿	6.44%	10.69%	51.82%
	医疗器械及计生、消毒用品	6.50 亿	7.27%	3.08 亿	5.68%	9.72%	52.57%

从表 8-5 中可以看出，一心堂整个产品线结构非常简单，即零售和批发业务，其中又以零售业务为主。其产品销售构成中还有便利品销售业务（多为个护美妆产品），尽管这一业务的收入所占比重较小，但也可以看成非常重要的一个方向。欧美国家的很多连锁药店中，都有附带销售便利品的情况，这也可以增加企业的收入和利润。

相对于其他地区的连锁药店，一心堂的单店收入并不显著（平均单店收入约为 140 万元），这与其所处地域有直接关系。但这一单店收入比该地区其他药店的平均单店收入要高。

该企业近年来的发展势头非常迅猛，门店数量增长非常快，未来还有望向其他地区扩展。有理由相信，未来一心堂的营收规模将会保持稳定、快速的增长。

2. 财务指标分析

一心堂之前几年的财务与收益数据情况如表 8-6 所示。

表 8–6　一心堂财务数据

时间	2018	2017	2016	2015	2014
每股收益（元）	0.92	0.81	0.68	1.33	1.30
净利润增长率	23.27%	19.62%	2.06%	16.46%	23.44%

续表

时间	2018	2017	2016	2015	2014
营业总收入（亿元）	91.76	77.51	62.49	53.21	44.28
每股净资产（元）	7.13	6.51	4.8	8.73	8.00
净资产收益率	13.47%	16.02%	14.96%	16.10%	18.93%

注：2015 年年报有送股情况。

通过表 8-6 中的数据可以得出以下几个结论。

第一，从每股收益及净利润增长率来看，该股的收益增速较为稳定。除了 2016 年出现短暂的调整外，其他时间增速都维持在 20% 左右，且最近两年增速明显加快，这与其门店的增长速度密切相关。考虑该公司目前主要的业务区域为西南地区，若以后能够向华东或华南拓展，无疑将会使利润增速进一步提升。

第二，从营业总收入来看，该股截至 2018 年的年度总收入为 91.76 亿元，由于两票制的实施，未来其营收规模还有望继续扩大。

第三，从净资产收益率来看，该股的净资产收益率接近 15%，属于收益能力较佳的股票。

3. 资产质量分析

从一心堂的财务报表可以看到该股的资产负债情况。截至 2018 年年底，该公司的资产负债率超过 45%，考虑该公司正处于高速扩张期，其负债比率仍处于合理范围。截至 2018 年年底，该公司的现金为 13.52 亿元，商誉为 10 亿元。考虑该公司近年来为了扩充门店数量进行了多次收购行为，该商誉额度还是可以接受的。总体而言，该公司的资产质量尚佳，属于比较具有投资价值的标的。

4. 成长性与估值

综合对一心堂财务数据的解读可以看出，该股属于业绩优良的成长股。若以 2018 年年底的每股收益 0.92 元为基准，并以 25% 的净利润增长率计算，2019 年的每股收益为 1.15 元，2020 年的每股收益为 1.44 元。一般情况下，医药行业按 30 倍左右的市盈率估值，该股 2019 年的合理估值应该在 34.5 元左右。考虑该股的增长率可能会随着规模逐渐增大而出现放缓的态势，可将该股的估值倍数下调至 20 倍，则其估值为 23 元。一心堂的股价走势情况如图 8-4 所示。

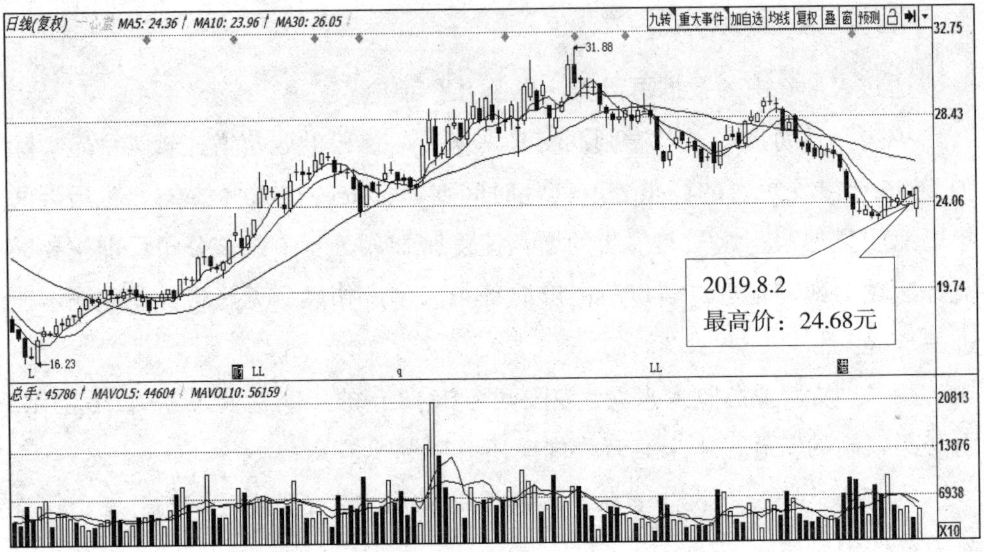

图 8-4　一心堂（002727）日 K 线走势图

一心堂的股价 2019 年随大盘的涨跌出现了一波震荡走势，股价触顶后震荡回调。该股股价在 2019 年 8 月初来到了 24.68 元的位置。鉴于前面对该股的分析，该股股价的合理范围应该是 23 ~ 34.5 元。目前，该股股价运行于合理的估值范围，投资者可在股价出现回调时分批入场建仓。

四、医药零售企业——老百姓

老百姓大药房连锁股份有限公司是一家由单体民营药店发展起来的大型药品零售连锁企业。截至 2018 年年底，已成功开发了湖南、陕西、浙江等 21 个省级市场，拥有门店超 4 000 家，总资产为 77 亿元，有员工 2 万余人，年销售额逾 100 亿元。目前，老百姓大药房已发展成为覆盖 21 个省市的大型医药连锁企业。

1. 基本产品线与盈利构成

老百姓的整个销售收入构成大致包括药品批发与药品零售、医药制造等业务。老百姓的产品销售与利润占比情况如表 8-7 所示。

表 8-7 老百姓产品与收入构成（2018 年度）

业务名称		营业收入（元）	收入比例	营业成本（元）	成本比例	利润比例	毛利率
按行业	医药零售	84.05 亿	89.36%	52.14 亿	85.69%	96.08%	37.97%
	医药批发	9.65 亿	10.26%	8.43 亿	13.86%	3.67%	12.63%
	医药制造	3 517.56 万	0.37%	2 690.89 万	0.44%	0.25%	23.50%
按产品	中西成药	73.67 亿	77.79%	51.45 亿	83.84%	66.64%	30.16%
	非药品	11.20 亿	11.83%	5.78 亿	9.42%	16.26%	48.38%
	中药	7.27 亿	7.68%	3.43 亿	5.59%	11.52%	52.83%
	其他	2.56 亿	2.70%	6 995.21 万	1.14%	5.58%	72.69%

从表 8-7 中可以看出，老百姓的整个产品线跨度较大，从医药生产到批发、零售。从该公司的营收构成来看，医药零售仍是其主要收入，医药批发也贡献了较高的收入。从毛利率来看，医药零售的毛利率无疑是最高的，药品批发的毛利率较低。由于药品批发的特点就是薄利多销，且相对于其他医药批发企业而言，老百姓的批发业务毛利率已经很高了。

老百姓与其他医药零售连锁企业有一点不同，该企业的网上药店具有很强的影响力，且远远超过其他医药零售连锁企业的网上药店，这一板块未来有可能成为新的利润增长点。

2. 财务指标分析

老百姓前几年的财务与收益数据情况如表 8-8 所示。

表 8-8 老百姓财务数据

时间	2018	2017	2016	2015	2014
每股收益（元）	1.53	1.38	1.11	0.98	1.01
净利润增长率	17.32%	24.98%	23.45%	18.84%	25.92%

续表

时间	2018	2017	2016	2015	2014
营业总收入（亿元）	94.71	75.01	60. 94	45.68	39.43
每股净资产（元）	10.69	10.29	6.93	8.31	4. 84
净资产收益率	14.87%	18.1%	14.06%	13.65%	22.91%

注：2015 年、2016 年、2017 年年报有大比例分红情况。

通过表 8-8 中的数据可以得出以下几个结论。

第一，从每股收益及净利润增长率来看，该股的收益增速较为稳定。近年来，其营收与净利润增速都维持在较高的水平，这与其保持较高的并购速度有关。换句话说，在规模扩展阶段，很多连锁企业都会采用并购与开新店的方式提升营收与净利润水平。

第二，从营业总收入来看，该股截至 2018 年的年度总收入为 94.71 亿元。由于两票制的实施，未来其营收规模还有望继续放大。结合前面提到的一心堂，可以发现老百姓的单店收入水平要好于一心堂，这与老百姓药店所处的区域有关。

第三，从净资产收益率来看，该股的净资产收益率维持在 15% 左右，属于收益尚佳的股票。

3. 资产质量分析

从老百姓的财务报表可以看到该股的资产负债情况。截至 2018 年年底，该公司的资产负债率超过 60%，属于负债较高的水平。同时，该公司资产中还含有高达 19.87 亿元的商誉。这在一定程度上反映出该公司比较富有进取精神，收购其他企业较多，另一方面也会为企业的发展带来一定的隐患，这些商誉若存在问题，很可能会引发“地雷”。该公司 2018 年的净利润为 4.35 亿元，而新增商誉为 4.66 亿元，新增的商誉要高于净利润，这可能会给企业的发展带来一定的隐患。

4. 成长性与估值

综合对老百姓财务数据的解读可以看出，该股属于业绩优良的成长股。

若以 2018 年年底每股收益 1.53 元为基准，并以 15% 的净利润增长率计算，2019 年的每股收益为 1.76 元，2020 年的每股收益为 2.02 元。一般情况下，医药行业按 30 倍左右的市盈率估值，则该股 2019 年的合理估值应该在 52.8 元左右。考虑到该股的增长率可能会随着规模逐渐增大而出现放缓的态势，可将该股的估值倍数下调至 20 倍，则其估值为 35.2 元。老百姓的股价走势情况如图 8-5 所示。

老百姓的股价 2019 年随大盘的涨跌出现了一波震荡走势，股价一度出现突破走势。该股股价在 2019 年 8 月初来到了 69.8 元的位置。鉴于前面对该股的分析，该股股价的合理范围应该是 35.2 ~ 52.8 元。目前，该股股价出现了一定程度的高估。投资者可对该股股价走势保持关注，在股价出现大幅下跌或随大盘暴跌时择机建仓。

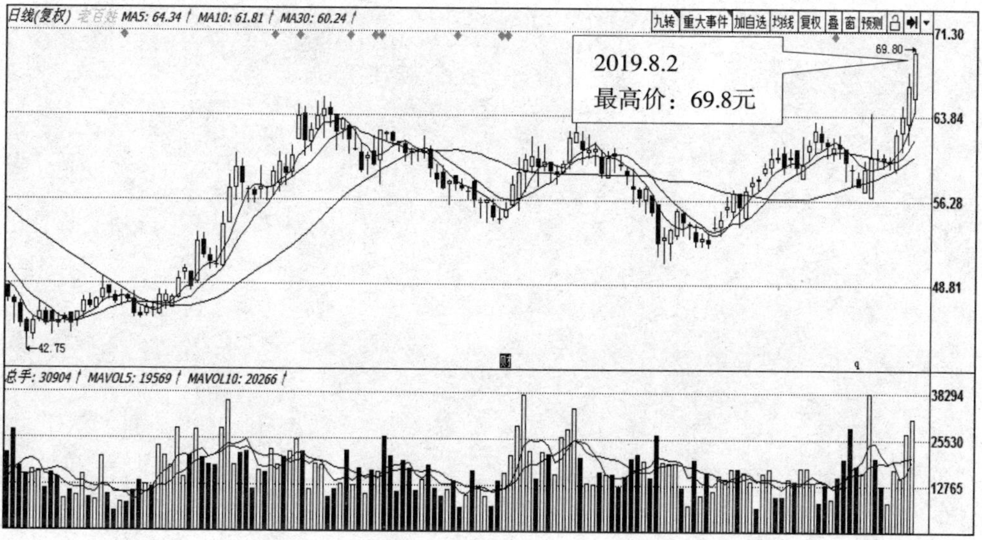

图 8-5　老百姓（603883）日 K 线走势图

第九章

医院及医疗服务机构投资研究

截至2018年年末，全国医院总数为33 009家，其中公立医院12 032家，民营医院20 977家。对照之前几年的医院数据可以发现，尽管全国医院总数仍然处于增长态势，但公立医院的数量在下降，民营医院的数量大幅上升，这与我国当前的医改环境相匹配。党的十八大报告中明确提出：深化公立医院改革，鼓励社会办医。不过，截至目前，在综合医院方面，民营医院仍然无法与公立医院相比，特别是一些内科疾病的治疗方面。一些专科或医疗美容方面，民营医院正在抢占制高点。

民营医院的发展刚刚起步，目前在一些专科医院方面已有一些起色，而在综合医院方面仍需投资者继续观察。站在投资者的立场上来看，需要关注以下几个领域的医院或医疗服务机构。

第一，具有特色的专科医院，如牙科、眼科医院。

第二，养老与保育、育婴机构，这个领域将会成为未来发展的亮点。

第三，医疗美容产业。这一产业我国涉足较晚，且不规范，未来发展空间十分广阔。

第一节　综合医院企业投资逻辑

综合医院是指收治范围非常广泛的医院，在医院内部会设有内科、外科、儿科、妇科等科室，治疗的病种非常多。综合医院往往具有相当多的大型医疗设备、熟练的专业医生、护理人员等。换句话说，设立综合医院需要的资金、技术、人才都比较多，这就为后来进入者设置了较高的门槛。

一、综合医院行业竞争分析

从理论上来讲，综合医院成为上市公司有以下途径：其一，医院经过改制上市。到目前为止，还没有一家医院是通过自身改制完成上市的。当然，这也并不排除未来随着医疗改革的深入，会有一些大型综合医院经过改制后上市。其二，上市公司通过收购、新建或托管等方式获得医院的控制权或管理权。

目前，A 股市场上的企业都是通过第二种途径获得的医院控制权。未来，还会有越来越多的上市公司通过收购医院完成转型或重组。不过，这些综合医院都属于民营医院或小型公立医院，且存在这样几个特点。

第一，上市的综合医院实控人多为从事其他行业的上市公司。这些上市公司经营医院大多属于跨界经营，对业务和行业的熟悉程度存在一定的不足。这些上市公司控制的综合医院，在与公立综合医院的竞争中并没有显著的优势。

第二，被收购的民营医院或公立医院普遍属于规模较小的综合医院。患者在选择医院时，往往比较看重医院的名气和实力，这些医院在与大型公立医院的竞争中往往处于弱势地位。相对于上市公司所辖的医院，那些品牌知名度高的公立医院更容易获得患者信赖。

第三，未来，越来越多实力强大的上市公司开始自建或收购综合性医院，将极大地扭转上市综合医院弱势的状况。比如，阳普医疗、复星医药、常宝股份、益佰制药、宜华健康、悦心健康、三星医疗等公司纷纷收购各类医院，布局医疗市场。

二、综合医院企业基本投资逻辑

目前，大部分上市公司投资综合医院都是出于战略布局或者转型需要，这些公司往往并没有抛弃先前的主业。大部分拥有综合医院的上市公司并不是以综合医院为主业，这就为寻找合适的投资标的制造了障碍，毕竟即使综合医院产生了利润，也可能被上市公司其他主业蚕食。因此，目前A股市场上并没有非常合适的以综合医院为主业的优质投资标的。但是，站在一个更长的时间维度来看，也许未来会有这样的企业出现，或者当下这些持有民营医院的上市公司完成战略转型后，会有更为亮眼的表现。投资者需要对该领域保持关注，并耐心等待。

在选择综合医院企业作为自己的投资标的时，需要考虑以下几个方面。

第一，品牌是医院的核心优势。

品牌背后是患者的信任，而这一点也是新成立的或上市公司收购的医院所不具备的。不过，这些上市公司在对医院进行重组或并购时，若能引入具有一定医院知名度的品牌或者国外医院的品牌，无疑可以增强医院的竞争能力。

第二，推动与高校的合作。

若上市公司所属的综合医院能够与医学院校紧密合作，甚至成为高校附属医院，无疑可以增强这些医院的后备人才梯队建设，提升医院的医疗水平和医学研究水平。

第三，关注人才引进方面的举动。

医院声誉的提升，在很大程度上与拥有的专家数量、质量有关。若上市公司所属的综合性医院能够加大人才引进的力度，吸引国内外高水平专家加盟，无疑可以提升医院的知名度和美誉度，也可以为未来的盈利打下坚实的基础。

第四，突出某一科室的优势。

尽管综合性医院强调全面、综合，但为了提升医院的知名度，还是应该集中精力打造一个或几个精品科室。这些科室不仅可以为医院带来不菲的收入，还能带动其他科室的效益提升。

即使建立的是综合性医院，也要有显著的核心竞争优势。毕竟上市公司不同于非营利性医院，投资者还是要看企业的收入与利润报表的。

第二节　专科医院企业投资逻辑

将自身核心优势最大化，是专科医院与综合医院的最大区别，也是最大的优势所在。目前，在A股市场上，运营比较好的专科医院相对较多。专科医院也是投资者未来在A股市场上寻找医院方面投资的一个重要方向。

一、专科医院行业竞争分析

上市公司的综合医院与公立医院竞争时，综合医院在大多数方面都处于下风。而专科或特色医院、特殊的医院机构则完全是另一番景象。以专科服务、高端医疗为典型特征的专科医院呈现出百花齐放的态势，并日趋成为上市民营医院中的主流。特别是近年来国家推进的分级诊疗和社会化办医政策，也在推动专科医院的快速发展。

这些专科医院大多集中于眼科、牙科、口腔科、妇科、医疗体检以及整形外科（含医疗美容）等。其中，又以牙科和眼科最值得投资者关注，原因有二。

其一，患者群体大。随着居民摄入糖量的增加以及对牙齿的重视，牙病患者逐年增加；由于电子产品和少年儿童学业负担的增加，近视患者和眼病患者也在逐渐增加。

其二，行业利润较高。无论是牙科还是眼科，都属于毛利率较高的行业。

总体来看，专科医院领域的竞争存在以下几个显著特点。

第一，行业竞争秩序有待于完善。

近年来层出不穷的医疗事件，很多都与专科医院有关，夸大治疗效果的宣传比比皆是，这在一定程度上影响了行业的可持续发展。

第二，细分化趋势进一步明显。

很多专科医院内部又进一步细化为若干细分子领域，很多后起的专科医院从这些细分领域入手，强调在细小的子领域做精、做强。

第三，上市公司纷纷抢滩专科医院市场。

近年来，不仅有很多专科医院完成IPO上市融资，也有很多上市公司通过对专科医院的收购完成战略转型或布局。总之，未来专科医院行业的竞争将会日趋白热化。

二、专科医院企业基本投资逻辑

从某种意义上来说，在A股市场上寻找合适的专科医院投资，更加符合投资者的利益。未来也会有更多、更强的专科医院登陆资本市场。

1. 专科医院投资评估重点

第一，品牌。

专科医院经营的好坏，与自身品牌建设密不可分。品牌知名度和美誉度高的专科医院，相比其他专科医院更容易获得患者的青睐，也更容易获得超额利润。这也是市场上的投资者追捧爱尔眼科的原因所在。

第二，核心竞争优势。

专科医院以专注核心领域为优势，但具体如何呈现这种优势，不同专科医院还是会各有不同或各有侧重。比如，有的医院会突出医疗诊断设备的先进性，有的医院会突出专家的权威性或者掌握某项核心技术。总之，这些核心竞争优势通常是围绕人才、技术、设备而来的。

第三，业务增长情况。

在投资市场上，没有人喜欢原地踏步的企业，即使这些企业的盈利能力已经很强了。按照投资者的投资逻辑，永远期待这些上市公司能够跑得快些、再快些，一旦企业跑得有些累了，停下来喘口气，投资者都会无情抛弃。因此，在选择合适的专科医院时，要考虑其成长性，优先选择那些成长性极佳的股票。

2. 重点关注的投资方向

有如下几个专科医院领域值得投资者重点关注。

第一，眼科。

通过中小学生戴眼镜的比例，就可以预测出眼科市场有多大。眼科医院多是由之前综合医院中的眼科独立发展而来的，从专注于治疗眼病开始，逐渐拓展到配眼镜业务，形成了独立的全产业链。这一领域目前的整合程度才刚刚起步，很多人配眼镜还是会选择传统的眼镜店，而非专业的眼科医院。未来，随着人们对眼科医院的认识和了解程度的加深，一定会有越来越多的人走进眼科医院去配眼镜，毕竟，这里可以提供更加专业的治疗方案。

第二，牙科。

牙科是一个与眼科类似的专科，也是利润丰厚的行业。牙科使用的假牙，材质不同，价格差异极大，这就为医院提供了很大的获利空间。由于人们生活水平的提高，糖分摄入量增加，以及家长对孩子牙齿的日益重视等，都极大地促进了牙科医院的发展。同时，牙科医院也从治疗牙病、做义齿发展到牙齿矫正、牙齿美容等领域，这都提升了牙科医院的获利能力。

第三，保育机构。

目前，很多民营保育机构仍面向少数高端人群。未来随着中产阶层的崛起，女性越来越不愿意因为照顾孩子而退出职场，专业的保育机构还将取得较快发展。

第四，医疗美容。

我国医疗美容行业处于起步期。市场上的医疗美容机构无论技术水平和规模，都要落后于韩国和日本。未来，这一领域的发展速度将会非常快。

三、专科医院企业——通策医疗

通策医疗投资股份有限公司是一家以投资管理、医疗器材的经营和进出口业务、技术开发、技术咨询、技术培训和技术服务为主营业务，以及其他无须报经审批的一切合法项目的上市公司，主要产品有口腔医疗服务。通策医疗是A股市场上非常有代表性的一只专科医院股票，该公司下属医院以口腔医院为主，还包括少量牙科医院、眼科医院以及妇幼医院、生殖健康类医院等。

1. 基本产品线与盈利构成

通策医疗的整个销售收入构成以医疗服务为主。通策医疗的产品销售与利润占比情况如表9-1所示。

表 9-1 通策医疗产品与收入构成（2018 年度）

业务名称		营业收入（元）	收入比例	营业成本（元）	成本比例	利润比例	毛利率
按行业	医疗服务	8.13 亿	96.36%	4.42 亿	96.05%	97.37%	45.60%
	产品销售	2 817.15 万	3.34%	1 817.18 万	3.95%	2.63%	35.50%
	其他	251.06 万	0.30%	–	–	–	–
按地区	浙江省内	7.61 亿	90.21%	4.04 亿	87.66%	93.27%	46.97%
	浙江省外	8 259.58 万	9.79%	5 681.89 万	12.34%	6.73%	31.21%

从表 9-1 中可以看出，通策医疗整个产品线收入非常简单、清晰，几乎全部为医疗服务收入，这与以口腔医院为核心的业务有关。同时，该公司的医疗服务有高达45.6%的毛利率，由此可见，这类专科医院的获利能力非常强。

从该公司的收入来源地区可以发现，该公司的收入主要来自浙江省内，说明该公司未来仍有很大的向外拓展空间。

2. 财务指标分析

通策医疗前几年的财务与收益数据情况如表 9-2 所示。

表 9-2 通策医疗财务数据

时间	2018	2017	2016	2015	2014
每股收益（元）	1.04	0.68	0.42	0.6	0.69
净利润增长率	53.34%	59.05%	9.44%	12.98%	9.66%
营业总收入（亿元）	15.46	11.80	8.79	7.63	5.84
每股净资产（元）	4.10	3.10	2.55	2.56	3.93
净资产收益率	28.66%	23.39%	18.17%	26.52%	19.17%

通过表 9-2 的数据可以得出以下几个结论。

第一，从每股收益及净利润增长率来看，该股经过前几年的稳定发展后，进入了净利润增长的快车道。自 2017 年开始，每年的净利润增长率都超过 50%，这种增速有望继续保持一段时间。

第二，从营业总收入来看，该股截至 2018 年的年度总收入为 15.46 亿元。未来，随着企业规模的扩大以及市场的拓展，有望大幅提升。

第三，从净资产收益率来看，该股的净资产收益率大部分时间都高于20%，属于收益能力较强的股票。总之，对于投资者来说，这是一只比较理想的投资标的。

3. 资产质量分析

翻看通策医疗的财务报表，还可以看到该股的资产负债情况。截至2018年年底，该公司的资产负债率刚刚超过30%，属于负债较低的水平。该公司资产中的商誉价值在4 000万元左右，属于比较理想的水平。该股的货币资金在2018年年底为3.5亿元左右，属于中等水平。

4. 成长性与估值

综合对通策医疗财务数据的解读可以看出，该股属于业绩优良的成长股，且未来增速有望继续走高。若以2018年年底的每股收益1.04元为基准，并以40%的净利润增长率计算，2019年的每股收益为1.46元，2020年的每股收益为2.04元。一般情况下，医药行业按30倍左右的市盈率估值，该股2019年的合理估值应该在43.8元左右。考虑该股的增长率较高，且未来保持高速增长的可能性较大，可以将合理估值放大到50倍，至2019年年底的估值为73元。通策医疗的股价走势如图9-1所示。

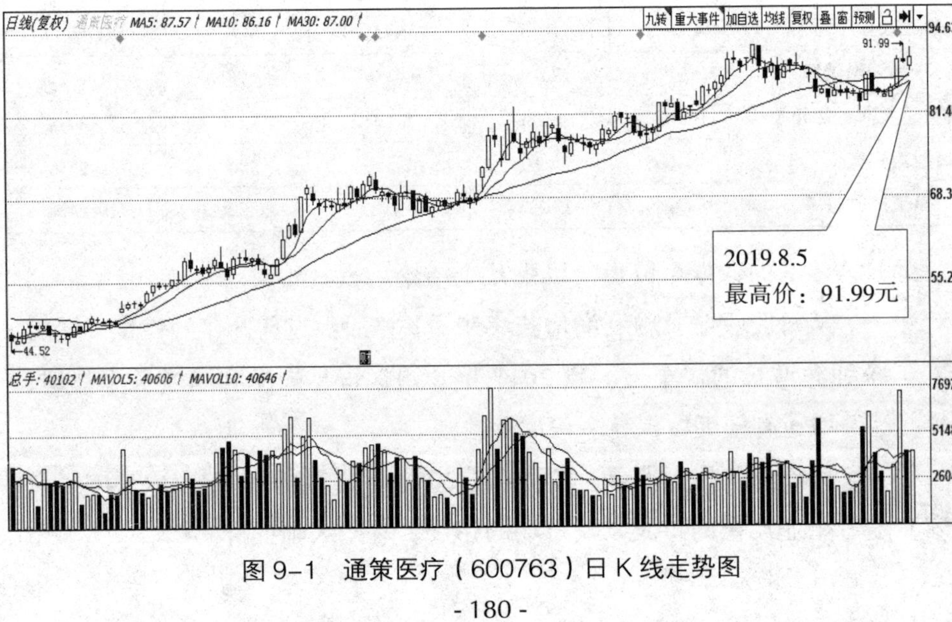

图9-1 通策医疗（600763）日K线走势图

通策医疗的股价 2019 年随大盘的涨跌出现了一波震荡上升走势。投资者若对照大盘走势就可以发现，2019 年上半年大盘并不稳定，该股却一直保持了震荡上升态势，牛股本色外显。

该股股价在 2019 年 8 月初上涨到 91.99 元的高位。鉴于上面对该股的分析，该股股价的合理范围应该是 43.8 ~ 73 元，说明该股股价存在一定的高估。牛股股价的高估在股价处于强势上升趋势中往往表现得非常明显，也很普遍。作为普通投资者，还是要在股价出现大幅回调时再分批介入比较保险，毕竟股价已经处于较高位置了，大盘的走势又并不理想，贸然抢入，容易被套在高位。

四、专科医院企业——爱尔眼科

爱尔眼科医院集团股份有限公司是一家眼科医疗机构，公司主要向患者提供各种眼科疾病的诊断、治疗及医学验光配镜等眼科医疗服务。该公司是我国规模较大的眼科医疗机构之一，也是国内发展速度较快的眼科医疗机构之一。

1. 基本产品线与盈利构成

爱尔眼科的整个销售收入构成以医疗服务为主。爱尔眼科的产品销售与利润占比情况如表 9-3 所示。

表 9-3　爱尔眼科产品与收入构成（2018 年度）

业务名称		营业收入（元）	收入比例	营业成本（元）	成本比例	利润比例	毛利率
按行业	医疗行业	79.97 亿	100.00%	42.43 亿	100.00%	100.00%	46.95%
按产品	屈光项目	28.12 亿	35.16%	13.39 亿	31.56%	39.23%	52.38%
	白内障项目	15.45 亿	19.32%	9.63 亿	22.69%	15.51%	37.69%
	视光服务项目	14.77 亿	18.47%	6.58 亿	15.50%	21.82%	55.47%
	眼前段项目	9.83 亿	12.29%	5.48 亿	12.93%	11.56%	44.19%
	其他项目	6.39 亿	7.98%	3.80 亿	8.95%	6.90%	40.55%
	眼后段项目	5.42 亿	6.78%	3.55 亿	8.38%	4.98%	34.49%

从表 9-3 可以看出，爱尔眼科整个产品线收入非常简单、清晰，几乎全部为眼科服务相关收入。同时，该公司的眼科医疗服务有高达 46.95% 的毛利率，可见这类专科医院的获利能力非常强。屈光项目、白内障项目和视光项目为其最主要的 3 个获利来源，且视光项目和屈光项目都有 50% 以上的毛利率。

综合以上数据可以看出，爱尔眼科所做的是一个容易获得高额收入的生意，这也是投资者一直以来在努力寻找的项目。

2. 财务指标分析

爱尔眼科前几年的财务与收益数据情况如表 9-4 所示。

表 9-4　爱尔眼科财务数据

时间	2018	2017	2016	2015	2014
每股收益（元）	0.43	0.5	0.56	0.44	0.47
净利润增长率	35.88%	33.31%	30.12%	38.44%	38.34%
营业总收入（亿元）	80.09	59.63	40	31.66	24.02
每股净资产（元）	2.39	3.29	2.75	2.43	3.09
净资产收益率	18.55%	21.74%	21.84%	19.66%	16.91%

注：该股 2016 年、2017 年、2018 年年报均有大比例配股、送股情况。

通过表 9-4 的数据可以得出以下几个结论。

第一，从每股收益及净利润增长率来看，该股的净利润增长率一直处于稳定且高速增长的态势，常年保持在 30% 以上，说明市场对眼科医院的追捧和欢迎。

第二，从营业总收入来看，该股截至 2018 年的年度总收入为 80.09 亿元。未来，随着企业规模的扩大以及市场的拓展，收入规模还有望大幅提升。

第三，从净资产收益率来看，该股的净资产收益率大部分时间都在 20% 左右，属于收益能力较强的股票。对于投资者来说，这是一只比较理想的投资标的。

3. 资产质量分析

从爱尔眼科的财务报表还可以看到该股的资产负债情况。截至 2018 年年底，该公司的资产负债率接近40%，属于可接受水平。该公司资产中的商誉价值在20亿元左右，属于偏高水平，这与该公司最近几年的收购扩张有关，但投资者也应该预防这种商誉可能带来的隐患。特别是到2018年年底该公司的货币资金相比2017年年底少了10亿多元，只有12.9亿元，这一数字仅仅相当于商誉的一半。

4. 成长性与估值

综合对爱尔眼科财务数据的解读可以看出，该股属于业绩优良的成长股，且未来增速有望继续走高，但也有风险需要投资者关注和预防。若以2018年年底每股收益0.43元为基准，并以35%的净利润增长率计算，2019年的每股收益为0.58元，2020年的每股收益为0.78元。一般情况下，医药行业按30倍左右的市盈率估值，该股2019年的合理估值应该在17.4元左右。考虑该股的增长率较高，且未来保持高速增长的可能性较大，可以考虑将合理估值放大到50倍，至2019年年底的估值为29元。爱尔眼科的股价走势如图9-2所示。

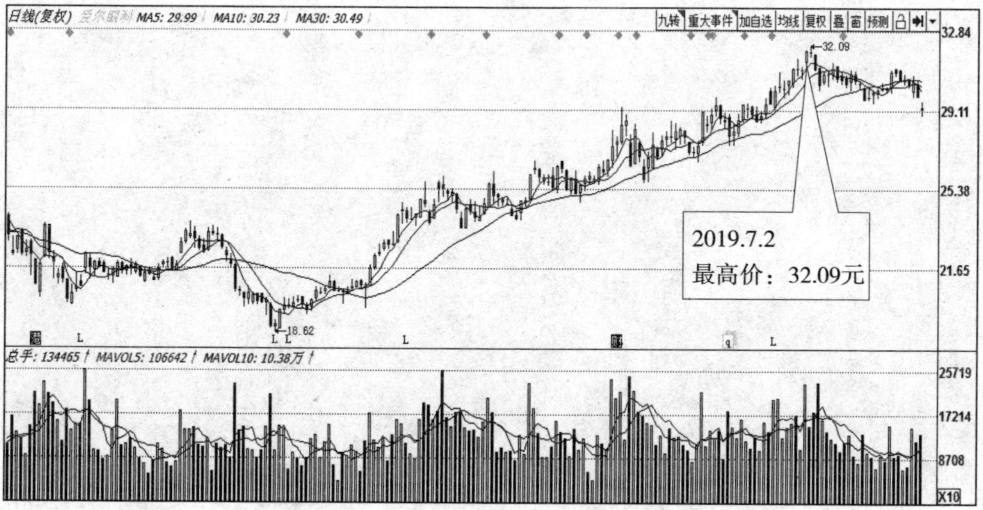

图9-2 爱尔眼科（300015）日K线走势图

爱尔眼科的股价在2019年随大盘涨跌出现了一波震荡上升走势。对照大盘走势可以发现，2019年上半年大盘并不稳定，该股却一直保持震荡上升态势，牛股本色尽显。

该股股价在 2019 年 7 月初上涨到 32.09 元的高位。鉴于前面对该股的分析，该股股价的合理范围应该是 17.4 ~ 29 元，说明该股股价存在一定的高估。投资者可在股价出现回调时，择机分批建仓。

第十章

医药健康行业重要炒作概念

短炒的基本逻辑是：在某一热门概念出来之前，预先埋伏在该板块；在热门概念朦朦胧胧，将出未出时，股价开始持续上攻；概念出台后，进行一波拉升或直接高开低走，将追高资金套牢至高位。当然，也有一些概念因为过于热门或持续性较强，概念出台后，股价会有一波连续涨停走势。不过涨停结束时，往往也是主力资金出逃之时。

主力炒作某一概念时，肯定会从热门概念股票中选择一只大龙头，再辅以周边的几只股票进行操作。这个龙头股一般具有如下几个特征。

第一，从属于该热门概念。

龙头股肯定是从属于该热门概念的股票，但并不一定完全贴切。比如概念遭热炒时，涨幅比较大的股票中，很多其实并没有相关产品，但是只要市场上的资金认为有联系就可以了。

第二，盘子要小，筹码要分散。

盘子小比较有利于游资操作，但股权不能集中于大股东，否则大股东若突然减持，将不利于游资出逃。

第三，垃圾股比绩优股更受青睐。

这是一个比较有意思的现象。市场上涨得最好的大龙头，都属于垃圾股而非绩优股。其实，游资选择这类股票的原因与上一点相似。绩优股往往都有庄家或主力驻守，垃圾股则没有长线庄家或主力。若一只股票之前有主力或庄家驻守，游资拉升时，很可能原来的主力或庄家砸盘，这非常不利于游资操作。

纵观医药健康板块，未来有一些概念可能会被经常拿来炒作。本章将对其中比较重要的一些概念进行梳理。

第一节 健康中国

2017 年 10 月 18 日十九大报告指出：人民健康是民族昌盛和国家富强的重要标志。要完善国民健康政策，为人民群众提供全方位、全周期的健康服务。

2019 年 7 月，国务院印发《国务院关于实施健康中国行动的意见》，成立健康中国行动推进委员会，出台《健康中国行动组织实施和考核方案》。

近年来，“健康中国”成为 A 股市场被反复炒作的热门概念。

一、投资机会与领域

按照国务院出台的健康中国行动计划，整个健康中国战略涉及的领域极其广泛，带来的产业规模超过 10 万亿元。这一数字足以使若干相关产业出现跨越式发展，因而该政策出台后，被市场频繁炒作。

归纳起来，整个健康中国战略包括但不限于以下几个重点方向。

第一，全方位干预健康影响因素。

国家希望通过一系列措施，排除或减少对健康可能造成不利的因素。这些措施包括控烟、合理膳食、全民健身、推进心理健康辅导以及改善健康环境（包括空气污染治理、水污染和土壤污染治理等）等。这些政策将会直接促进一批环境治理企业、健身器材企业、心理咨询服务机构以及保健机构的发展壮大。

第二，维护全周期生命健康。

具体任务包括妇幼健康保护、中小学健康促进、职业健康保护、老年健康保护等。对于健康体检服务机构、婴幼儿保育机构、老年托管机构都会起到一定的刺激作用。

第三，防控重大疾病。

重点管控疾病包括癌症、传染病、心脑血管疾病、慢性呼吸系统疾病以及糖尿病等。这对相关的医药研发与生产企业、医院以及独立的第三方检测机构的业绩都有一定的拉动作用。

二、热门标的解读

从整体来看，健康中国概念涉及的范围非常广泛，涵盖了大部分医药健康类子行业。不过，如果仔细研究健康中国行动计划的细则就会发现，能获得实在好处的行业或企业并不是很多。

从某种意义上来说，整个医疗健康板块都属于健康中国的受益板块，但其中又以最需改进的方向受益最大。健康中国行动计划中有 1/3 为重疾防控内容，包括心脑血管疾病、癌症、慢性呼吸系统疾病、糖尿病和传染病 5 个病种，主要内容均为强调提升个人的预防能力和基层医疗机构的诊疗能力。同时，目前基层医疗与诊断条件相对较差，与健康中国的要求存在较大落差。未来为了弥补这种落差，基层医疗机构和第三方体检与诊断机构、医疗服务机构将会采购大量医疗器械、体检设备以及医疗诊断设备等，这都将在一定程度上刺激相关行业的发展。

目前，同花顺炒股软件中的健康中国概念板块收录了 87 家公司，整个概念板块的龙头股为九安医疗，如图 10-1 所示。

从图 10-1 中可以看出，尽管在 2019 年上半年九安医疗的股价整体处于横向震荡运行态势，但期间多次拉出涨停板，并且经常引领整个健康中国板块上行。不过，从该股的走势可以看出，健康中国概念的炒作，从整体上并未改变九安医疗股价的运行趋势，只是在短期内走出了一波上攻走势。

下面从股票本身质地来分析九安医疗的情况。该股的总股本为 4.33 亿元，股价在 5 元左右运行，总市值只有 20 亿元多一点，属于典型的小盘股。该股的财务数据如图 10-2 所示。

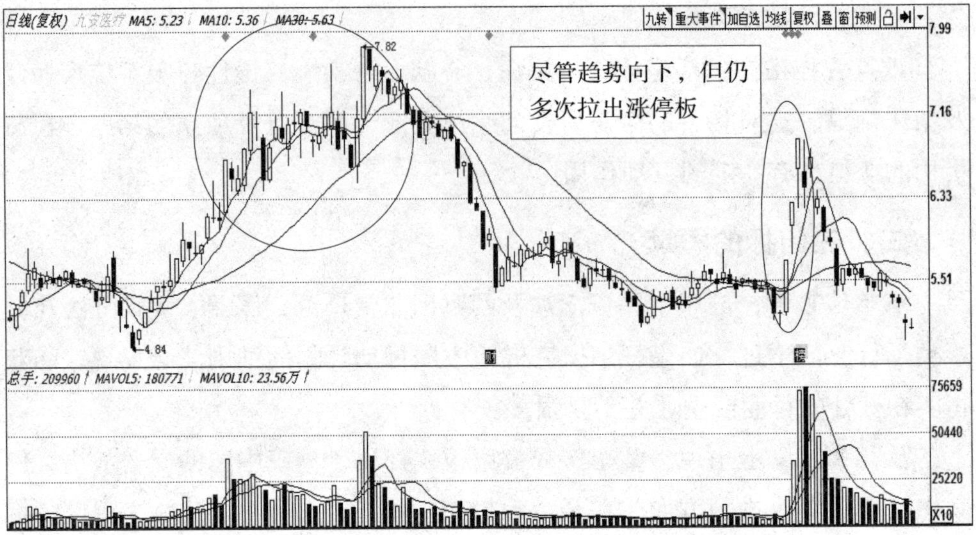

图 10–1　九安医疗（002432）日 K 线走势图

科目\年度	2018	2017	2016	2015	2014	2013
基本每股收益	0.0300	-0.3800	0.0400	-0.4100	0.0300	-0.0200
净利润(元)	1268.68万	-1.66亿	1449.79万	-1.51亿	1019.75万	-916.83万
净利润同比增长率	107.65%	-1244.03%	109.62%	-1578.41%	211.23%	-231.30%
扣非净利润(元)	-1.39亿	-1.82亿	-1.46亿	-1.55亿	-8154.25万	-1128.19万
扣非净利润同比增长率	23.83%	-24.94%	5.96%	-89.97%	-622.77%	-274.61%
营业总收入(元)	5.64亿	5.98亿	4.20亿	3.98亿	4.25亿	4.08亿
营业总收入同比增长率	-5.69%	42.31%	5.60%	-6.49%	4.39%	14.46%
每股净资产	3.56	3.16	3.56	1.64	2.04	2.01
净资产收益率	0.82%	-11.40%	1.35%	-22.04%	1.35%	-1.22%

图 10–2　九安医疗财务数据

从图 10-2 中可以看出，九安医疗的财务数据并不亮眼，盈利与亏损的情况交叉出现，投资者很难将这只股票定性为绩优股或成长股。但该股倒是很符合之前提到的资金炒作所要求的龙头股条件。

第二节　互联网 + 医疗

互联网 + 医疗是近年来医药健康领域一个非常热门的概念，被认为是一个极具潜力的领域。

互联网 + 医疗，是互联网在医疗行业的新应用，其包括以互联网为载体和技术手段的健康教育、医疗信息查询、电子健康档案、疾病风险评估、在线疾病咨询、电子处方、远程会诊及远程治疗和康复等多种形式的健康医疗服务。从本质上说，互联网 + 医疗就是医疗机构借助互联网实现医疗资源共享、医患互动、远程诊疗等服务。

一、投资机会与领域

互联网 + 医疗涉及的领域非常广泛，大致包括但不限于图 10-3 所示的几个典型领域。

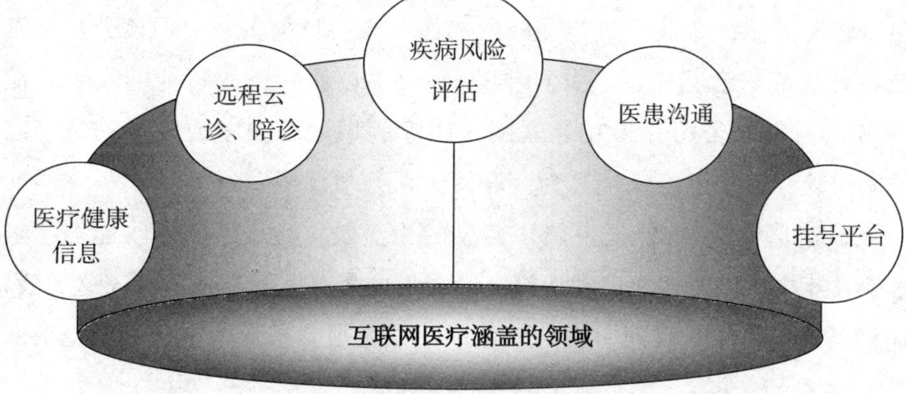

图 10-3　互联网医疗涵盖的领域

第一，医疗健康信息类网站。这类网站以医药信息和健康教育为核心诉求点，如家庭医生在线、丁香园、39 健康网。

第二，以远程云诊、全称陪诊为核心业务，如就诊通。未来这类云诊断平台可能会发展成互联网医疗非常重要的一个分支。

第三，以疾病风险评估为核心，如宜康网。

第四，在线医患沟通网站，如有问必答网、百度拇指医生。

第五，在线寻找医院、科室，挂号平台如好大夫网、微医（挂号网）。目前，很多省市都建立了各自区域内的医院统一挂号平台。

二、热门标的解读

在互联网 + 医疗领域，存在几个典型现象：其一，具有市场影响力的互联网医疗企业并未实现盈利，也没有上市，比如前面提到的各个领域内的龙头企业，并未完成上市融资操作；其二，目前 A 股市场上的互联网 + 医疗概念股票，大多属于下属公司涉足互联网医疗的某一方面业务，实质上并未取得多少回报，甚至仅仅是有这么一个概念而已。不过，股市中资金炒作的一些股票，本身并不需要具有多好的业绩支撑，只要有概念或者故事，给人想象空间，就会被炒作。

互联网 + 医疗概念龙头股三泰控股，其主业是金融电子设备生产以及金融外包服务。该企业本身与互联网 + 医疗没有任何关系，但该公司与富顿科技签订了战略合作协议，共同推进社区 O2O 医疗健康行业的发展。截至 2019 年 8 月，该公司并未在互联网 + 医疗领域取得业绩或收入，由于之前的战略协议，市场已经认定其为互联网 + 医疗概念股。

该股市值约为 45 亿元，属于典型的小盘股，且该股的营收能力一般。在过去几年中，该股多次出现亏损，说明很少会有大资金长期驻守这类股票。但是，当市场炒作互联网 + 医疗概念时，该股很容易成为市场上的龙头股，如图 10-4 所示。

三泰控股的股价在2019年上半年随着大盘的起伏出现了震荡波动走势。该股股价在震荡过程中多次出现小波段的上攻与急挫走势，且股价在上涨过程中多次出现涨停板。涨停板出现的数量多少，往往是衡量一只股票是否属于龙头股的关键。

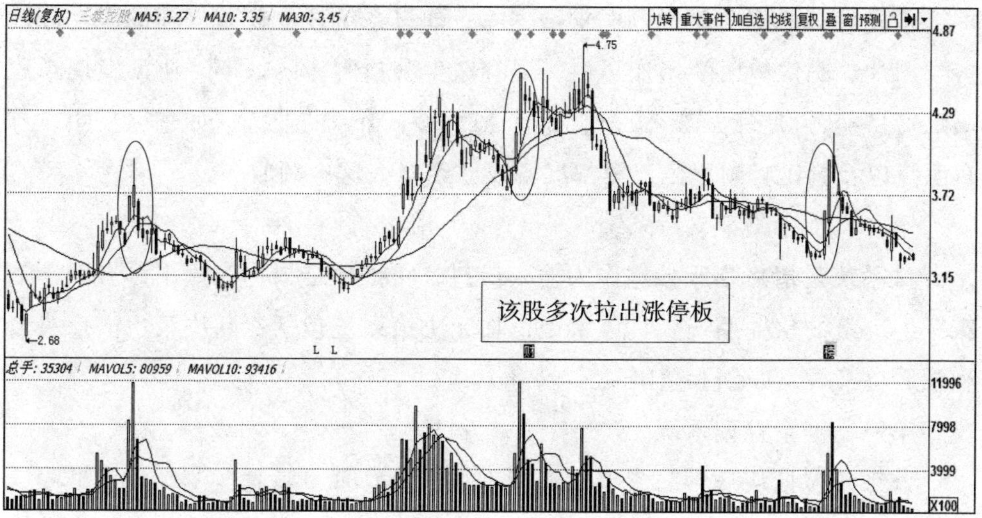

图 10-4　三泰控股（002312）日 K 线走势图

第三节　AI+ 医疗健康

人工智能（AI）+ 医疗健康是医药健康领域与信息通信技术融合形成的创新型产物。目前，涉足 AI+ 医疗领域的企业包括几类：其一，原有的医疗器械公司或医疗服务机构主动拥抱人工智能，并与之融合；其二，互联网公司跨界进入 AI+ 医疗健康领域，阿里巴巴和腾讯公司已经开始了这方面的布局；其三，直接采用 AI+ 医疗模式的初创公司，新创立的公司直接进入这一领域，通常是选准某一细分领域或消费者的某一需求点切入，如在香港交易所上市的平安好医生。

一、投资机会与领域

AI+ 医疗健康涉及的领域十分广泛，包括诊前、诊中、诊后以及医药开发等环节。可以说，AI 技术已经渗入整个医疗健康领域。

目前，AI+ 医疗健康技术在以下几个领域的应用尤为突出。

第一，医学图像识别。

借助计算机建立庞大的医学数据库，通过系统建立模型，辅助医生分析各类图片、图像等医学影像资料，提升医生分析图像的效率，协助发现隐藏病灶。目前，很多医疗影像企业都有AI+医学图像的业务，如东软集团、万东医疗以及腾讯、阿里巴巴等都准备或已经介入这一领域。

第二，临床决策支持系统。

该系统是指将临床数据作为输入信息，将推论结果作为输出，有助于临床医生决策的软件系统。具体来说，临床决策系统包括诊断决策、治疗决策和预后决策等，如创业慧康。

第三，健康管理系统。

该系统包括疾病预防、慢性病管理、运动管理、睡眠监测、母婴健康管理和老年人护理等。这一健康管理系统非常庞大，涉及终端、平台以及网络等诸多关键技术。目前，涉足这一领域的企业比较多，但很少会全面涉猎，一般多为某一板块的业务。

第四，医用机器人。

医用机器人包括手术机器人、诊疗机器人、康复机器人以及医疗服务机器人等。这一领域处于起步阶段，未来的发展空间十分广阔。

二、热门标的解读

在AI+医疗健康领域，东软集团属于介入较深且已取得较为丰厚回报的企业。该公司旗下有几家智慧医疗企业，如沈阳东软医疗系统有限公司。还有一些目前并未上市的介入AI+医疗健康领域的企业。

在A股市场上，真正成为游资热炒的标的往往都是并未取得多少实际收益的，只是在概念上从属于这一领域的企业。宜通世纪就是其中一只比较有代表性的股票。宜通世纪本身是一家从事网络工程服务与维护、医疗设备服务以及物联网的企业。按照目前的概念分类，宜通世纪同时从属于5G、边缘计算、华为概念以及智能医疗等多个热门概念。观察该股的股本结构可以发现，该股股本总数为8.83亿股，总市值为43亿元左右，属于典型的小盘股，且近年来营收与净收益情况并不理想，很少有基金驻扎该股。这类股票经常会成为游资热衷的炒作标的。

宜通世纪的日 K 线走势如图 10-5 所示。

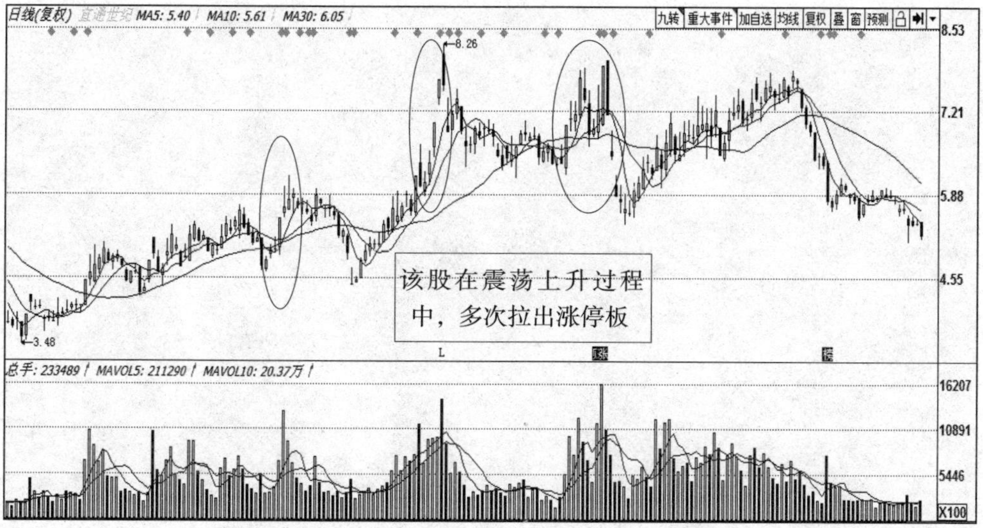

图 10-5　宜通世纪（300310）日 K 线走势图

宜通世纪的股价在2019年上半年随着大盘的起伏出现了震荡波动走势。不过，该股在股价震荡过程中，曾经多次出现小波段的上攻与急挫走势，且股价在上涨过程中多次出现涨停板。

宜通世纪由于股本量较小，同时兼具多个热门概念，很容易成为资金短线追炒的标的股票。喜欢短线投机的交易者可以多留心这只股票的动态，在适当的时机买入。